Je suis une merde et je compte bien le rester !

Publié pour la première fois en Allemagne par les Éditions Piper
sous le titre *Ich bleib so scheisse wie ich bin*

© 2013 Piper Verlag GmbH München.

Rebecca Niazi-Shahabi

Je suis une merde

Et je compte bien le rester !

Traduit de l'allemand par Odile Demange

MARABOUT

La lecture de ce livre pourrait changer votre vie en vous persuadant que rien ne vous oblige à changer. Une idée pour le moins révolutionnaire par les temps qui courent. Ne pas vouloir changer, quelle provocation ! C'est une déclaration de guerre au système qui, depuis longtemps, a adopté le slogan « Toujours plus haut, toujours plus vite, toujours plus loin », non seulement pour les produits de consommation, mais aussi pour l'être humain.

Préface

Trouvez votre véritable faiblesse et cédez-y.
C'est la voie du génie.
Moshe Feldenkrais

Nul n'est parfait. Aujourd'hui pourtant, il faut aspirer à la perfection pour se faire pardonner cette tare. Nous sommes littéralement harcelés par le dictat du développement personnel : il nous agresse sur les T-shirts et les cartes postales, dans les séries télé et sur les sachets de thé, sur Facebook, dans les magazines féminins et sur les affiches publicitaires. Tout le monde – amis, gourous ésotériques, fabricants d'articles de sport et ministres – nous exhorte à entreprendre enfin un vrai travail sur soi. Tous sont d'accord sur ce point : il faut tenter l'impossible, cesser de rêver pour vivre nos rêves. Quiconque a un minimum d'estime de soi se relève après un échec et renouvelle l'essai avec un optimisme intact. Il faut, pour éviter d'être largué, tirer un enseignement de chaque journée et se lancer à corps perdu dans l'aventure. On serine aux enfants les principes de l'optimisation de soi dès leur plus jeune âge : plus tôt on aura repéré leurs talents, plus efficacement on pourra les encourager.

Il suffit pourtant de prendre la décision de faire des efforts pour mesurer tout ce qui nous sépare de notre Moi idéal. Tant de choses mériteraient d'être améliorées : notre physique, notre situation professionnelle, notre caractère, notre vie sociale et sentimentale. Les librairies consacrent désormais des sections entières au développement personnel, et la multitude de manuels qui inondent le marché suffit à révéler l'ampleur de la tâche à accomplir pour pouvoir prétendre au titre d'être humain digne de ce nom : nous devons perdre du poids et faire du sport, manger plus sainement, développer nos compétences relationnelles, gagner davantage d'argent, être des œnologues avertis et des amants passionnés, rester disponibles pour nos enfants, ouvrir nos chakras, être heureux et satisfaits, nous cultiver et exprimer notre créativité – et si cette masse d'obligations nous accable, il ne nous reste qu'à acheter un manuel qui nous expliquera comment rétablir l'équilibre entre vie personnelle et vie professionnelle.

Puisque nous n'avons qu'une vie, il peut paraître normal de chercher à en tirer le maximum. Malheureusement, ça fait un moment que la liberté de mener sa vie comme on l'entend s'est muée en contrainte. La moindre occasion manquée nous oblige à nous justifier. Combien sommes-nous à ployer toute notre vie sous le fardeau de centaines de projets personnels irréalisés, convaincus de ne pouvoir être heureux qu'en étant enfin minces, riches, zen et intelligents ? Et chaque fois que l'on ne donne pas le meilleur de nous-mêmes, on a le sentiment de ne pas être à la hauteur d'une sorte de « potentiel théorique ».

Dans notre culture du coup de pied au cul et des exhortations à mieux faire, il faut bien du courage pour reconnaître que l'on est de ceux qui réalisent rarement leurs objectifs. On ne peut même pas avouer à ses meilleurs amis qu'une fois de plus, et en dépit de toutes les bonnes résolutions que l'on avait prises, on a arrêté son régime, laissé tomber les cours de gym, ou renoncé à chercher un nouveau boulot. On préfère ne pas leur dire que, malgré tous nos efforts, on s'est encore fritée avec son mec au lieu de privilégier un mode de communication non violent. En effet, dans ces conditions, il ne faut plus compter sur leur compréhension si nous souffrons de ce que nous sommes et ne supportons plus ni notre partenaire invivable, ni notre boulot abrutissant : qui ne travaille pas sur soi ne mérite aucune compassion !

« Tu ne peux pas changer le monde, tu ne peux changer que toi-même » : qui aurait le culot de contester la vérité de cet axiome ? Pourtant, s'il est exact, comment expliquer les ventes en flèche du énième « guide du bonheur » ? Pourquoi continue-t-on à s'arracher les manuels de régime ? Pourquoi des millions de lecteurs dévorent-ils les biographies de ceux qui prétendent qu'il suffit de croire à ses rêves pour pouvoir les réaliser ? D'ailleurs, si malgré vos efforts louables, votre démarche d'optimisation personnelle progresse trop lentement, vous avez le choix entre des dizaines d'ouvrages qui vous expliqueront comment mobiliser l'énergie cosmique à votre avantage.

La vie nous offre parfois des instants de révélation : nous comprenons alors que de longues années de lutte acharnée contre nos plus gros défauts nous ont éloignés, plus que jamais, de notre corps de rêve, de notre partenaire de rêve ou de notre boulot de rêve. Que d'autres échouent, eux aussi, dans leur projet utopique du Moi idéal, échappe à notre radar. Au lieu de reconnaître que nous avons surestimé nos capacités, nous préférons nous marteler que nous sommes affreusement paresseux et indisciplinés, et jurer de redoubler d'efforts pour surmonter enfin ces fâcheux traits de caractère. Nous ignorons nos résistances

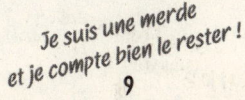

Je suis une merde et je compte bien le rester !

et nos doutes, qui s'évertuent pourtant à nous rappeler ce qui pourrait vraiment nous faire plaisir, pour reprendre, jour après jour, notre lutte opiniâtre contre notre Moi imparfait.

Et si nous restions plutôt tels que nous sommes ? Et si nous consacrions notre temps à faire des trucs sympas, au lieu de nous obstiner dans cette réalisation de soi si décevante ? Vous croyez que ce serait grave ?

Prenant la tendance actuelle à rebrousse-poil, je me suis efforcée, dans les pages qui suivent, de plaider pour une vie affranchie d'un tel dictat. Il me semble, en effet, que la souplesse et l'improvisation sont incontestablement plus bénéfiques qu'un parcours méticuleusement planifié. Ne craignez pas d'être immédiatement mis au ban de la société si vous saisissez les occasions qui se présentent, au lieu de poursuivre des objectifs bien définis, ou si vous ne tirez de leçons de vos erreurs que lorsque c'est absolument indispensable. Bref, si vous vous mettez à vivre plutôt que d'essayer d'être parfait.

À en croire une autre maxime chère aux adeptes du coaching, le seul obstacle sur la voie du perfectionnement de soi, c'est nous. Tant mieux ! Puisque la plupart des projets de développement personnel cherchent à nous couler tous dans le même moule, ce sont notre paresse et notre manque de courage qui nous éviteront de céder au conformisme. Refuser l'optimisation de soi qui nous est réclamée à cor et à cri, c'est acquérir de haute lutte le droit d'être tels que nous sommes à l'instant présent. C'est nous libérer de l'illusion d'un Moi idéal et de tous ceux qui prétendent savoir comment y accéder.

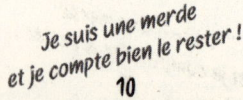

Je suis une merde et je compte bien le rester !

Et si un gourou de l'optimisation personnelle a le culot de vous présenter encore telle ou telle méthode d'amélioration de soi, rien ne vous empêche de lui clouer le bec avec cet argument en béton : si tu tiens tellement à t'améliorer, c'est sûrement que tu en as besoin !

1.
Restez gros, vaniteux, intéressé, coléreux… et crédible

Le mythe de l'optimisation à tout prix

*Chaque homme s'invente une histoire
qu'il prend ensuite pour sa vie,
souvent au prix de lourds sacrifices.*
Max Frisch

Certains sont alcooliques ou accros à leur télé, d'autres fument comme des pompiers, s'empiffrent de chocolat ou baisent à tout-va. Mon truc à moi, c'étaient les biographies. J'en étais complètement dingue. Obsédée. Dès que j'en avais une entre les mains, je la lisais sans en perdre une miette. J'étais fascinée par la vie de tous ces gens qui avaient réussi – artistes, sportives, chercheurs, danseurs, actrices, architectes, réalisateurs, navigateurs en solitaire, écrivains. Quand avaient-ils commencé à s'entraîner, à écrire, à danser, à dessiner ou à faire de la voile ? Combien de temps leur avait-il fallu pour devenir célèbres ? Quand avaient-ils décidé de se consacrer à cette activité ? Avaient-ils dû renoncer à leur vie antérieure pour en commencer une nouvelle ?

Dans le fond, la vraie question était la suivante : et moi, est-ce que je peux encore y arriver ? Me sera-t-il encore possible – si je m'y mets dès aujourd'hui – de changer de cap et de faire quelque chose de ma vie ?

Plus j'avançais en âge, plus j'avais de mal à m'identifier au parcours des autres : les carrières de danseurs étoiles et de musiciennes dans un orchestre qui n'avaient que 3 ou 4 ans lorsqu'ils avaient fait leur premier entrechat ou découvert leur instrument étaient éliminées d'office. Comment aurais-je pu rattraper mon retard, alors que je n'ai pas suivi un seul cours de danse ni de musique quand j'étais petite ? D'ailleurs, j'aurais été bien en peine de citer une activité que j'avais pratiquée avec plaisir dans mon enfance et que j'aurais pu reprendre maintenant sans problème.

C'est ainsi que je suis arrivée à l'âge où bien des gens terminent déjà leur première carrière. Les modèles auxquels j'aurais pu m'identifier étaient plus que rares. Existait-il des gens qui, n'ayant découvert leur véritable vocation qu'à 28 ans, l'avaient démarrée sur les chapeaux de roues ? Qui étaient-ils ? Que faisaient-ils aujourd'hui ? Pouvait-on les entendre expliquer, dans une interview, qu'ils se rendaient compte, rétrospectivement, que leur réussite aurait été impensable sans les emmerdes qui avaient jalonné leur existence ?

Ce que j'avais envie de lire, c'était l'histoire de femmes et d'hommes qui avaient eu le courage de réaliser leur rêve au milieu de la quarantaine ou même de la cinquantaine. Moi aussi, j'aurais bossé dur si j'avais trouvé un but qui en vaille la peine. Je ne demandais qu'à me lancer, à condition d'être sûre que ce chemin-là conduisait dans la bonne direction.

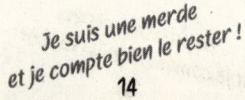

Je suis une merde et je compte bien le rester !

Mais, pour l'heure, tout donnait à penser que je n'avais fait que piétiner à côté de ma vraie vie. C'était triste et ça me déprimait. Comment une chose pareille avait-elle pu arriver à une fille comme moi, si douée, si prometteuse, à en croire ce que m'avaient toujours seriné mes professeurs, mes parents et mes amis ? Tant de chances n'attendaient que moi, pourquoi ne m'en emparais-je pas ?

Je dois exploiter mes talents… mais comment ?

Dix années d'atermoiements m'ont permis de prendre conscience que notre espérance de vie est, en moyenne, de dix ans supérieure à celle des générations qui nous ont précédés. Cela me permettait d'ajouter tranquillement une bonne décennie à toutes les informations que je compilais. Autrement dit, si je lisais la biographie d'une femme qui avait trouvé l'homme de ses rêves en 1960, alors qu'elle avait déjà atteint l'âge de 32 ans, qui avait émigré avec lui à Rio pour y fonder une école de danse et une famille, je pouvais en toute bonne foi prétendre, après actualisation des données, qu'elle aurait eu aujourd'hui environ 42 ans – pile-poil mon âge.

J'ai rapidement dû admettre que, pour des gens comme moi, seule une carrière inattendue était encore envisageable. Seul un événement hors du commun transformerait ma vie en véritable success-story.

Bien des gens attendent secrètement l'événement qui fera prendre à leur vie un tournant décisif. Une inspiration ou une rencontre qui leur permettrait de voir soudain leur existence sous un jour nouveau et structurerait d'un coup ce qui leur avait toujours paru incohérent et arbitraire. Un

Je suis une merde et je compte bien le rester !

peu comme une pièce de puzzle que l'on croyait perdue et qui, à peine mise à sa place, réorganise si bien le passé que l'avenir se déroule devant soi tel un tapis rouge : il ne nous reste qu'à suivre cette voie.

Tout ira mieux à l'avenir, mais l'avenir, c'est quand ?

Avant cela, nous avons l'impression de vivre une « fausse » vie. Un seul espoir : que la vraie commence bientôt.

Quand on mène cette fausse vie, on souffre, quoi que l'on fasse, d'une mauvaise conscience latente – que l'on travaille, que l'on soit en vacances, que l'on regarde la télé, que l'on surfe sur Internet, que l'on fume, que l'on mange, que l'on baise ou que l'on dorme. Dans cette « vraie » vie, tout serait différent, dans cette « vraie » vie, tout se mettrait en place comme si de rien n'était et on ferait tout si facilement. On réussirait tout ce que l'on entreprendrait, on serait dynamique et en bonne santé, apprécié de tous... et on vivrait avec le partenaire idéal. Évidemment, on serait bien plus heureux et satisfait que dans la fausse vie.

Mais une vraie vie est une vie réussie, une vie où nous utilisons le temps qui nous est imparti pour exploiter au mieux nos talents et nos possibilités. Où nous sommes libres de faire de notre existence ce que nous voulons ; un privilège rare que peu sont capables d'acquérir.

Cette fausse vie l'est encore bien plus que celle dont parle le philosophe Theodor W. Adorno, qui désigne ainsi la situation de l'homme dans le monde mercantile moderne où il est, selon lui, impossible de vivre à titre personnel en adéquation avec ses convictions intimes. Qu'on le veuille ou non, on devient un élément du système et on ne peut, par exemple, exercer qu'une influence minime sur l'utilisation des ressources naturelles, même si on a une opinion bien arrêtée sur le sujet.

Il existe donc encore chez Adorno cette idée d'un « juste » et d'un « faux ». Ce qui est juste, c'est en théorie soi-même ; ce qui est faux, ce sont les conditions extérieures. Heureux qui éprouve ce sentiment, car il a une excuse toute trouvée à l'agitation frénétique de son projet de vie.

> *Puisque nous avons la liberté d'aménager notre vie,*
> *nous avons aussi le devoir de le faire.*

Certains se sentent coupables parce que, pour une raison ou pour une autre, ils n'exploitent pas pleinement leur potentiel. Ce qui les oblige à se justifier perpétuellement : en réalité, ils pourraient en faire plus moyennant un tout petit effort, en réalité, ils avaient décidé de faire régulièrement du yoga pour être plus détendus, en réalité, ils avaient l'intention de chercher un nouvel emploi parce que ça faisait longtemps que celui qu'ils exerçaient les emmerdait, en réalité, ils ne sont pas vraiment gros parce que, ça y est, c'est décidé, ils vont bientôt perdre du poids et fréquenter assidûment un club de gym, etc. Ainsi, il y a fort à faire pour mener une « vraie vie ». Mais comme nous ne savons pas exactement à quoi ressemblerait notre « vraie vie », nous ne parvenons pas à nous décider à entreprendre enfin tout ce qui nous paraît vrai et juste, en théorie.

Nous avons pourtant une certitude : en réalité, nous ne sommes pas celui ou celle que nous sommes actuellement, mais celui que nous pourrions être ! Et nous avons une

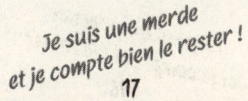

dette à l'égard de cette personne que nous pourrions être – et que nous offensons chaque fois que nous ne donnons pas le meilleur de nous-mêmes ou, en tout cas, que nous ne cherchons pas à le faire.

*En réalité, je suis mince ;
il me reste juste à perdre du poids.*

Nous gâchons une grande partie de notre vie à essayer de comprendre pourquoi nous ne faisons pas ce que nous avons décidé de faire. Nous passons au crible notre enfance et celle de nos parents en quête d'indices susceptibles d'expliquer pourquoi nous avons autant de mal à nous remuer et à prendre le taureau par les cornes. Nous fouillons notre psyché, à la recherche des causes de notre jalousie, de notre indiscipline et de notre impatience. Pendant nos heures de loisir, dont nous ferions mieux de profiter pleinement, nous nous creusons la tête, nous interrogeant sur la mystérieuse cause de notre tristesse et de notre morosité. Le fait, pourtant parfaitement manifeste, que les autres ne sont pas mieux lotis que nous ne suffit pas à nous détourner de cette quête incessante – ce n'est pas pour rien que les livres sur le bonheur et l'art de vivre se vendent comme des petits pains.

Le jour de l'An se prête particulièrement bien aux comptes et aux bilans, ce qui explique que ce soit le pire moment de l'année pour beaucoup de gens.

Plus cette « fausse » vie s'éternise, plus elle engendre un passé imparfait que nous allons devoir compenser dans le futur. Les occasions manquées s'entassent à côté de nos subterfuges et de nos divagations, et nous avons de plus en plus de mal à échafauder un plan de bataille nous

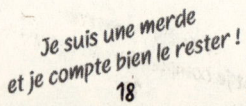

permettant d'élaborer une suite logique à notre parcours, jusqu'à son terme.

Les seuls moments de soulagement et de répit dans ce « dictat du projet de vie » sont ceux où notre marge de manœuvre se réduit à néant, en cas de catastrophe, par exemple. Si une ville est engloutie par les eaux, chacun sait ce qu'il doit faire : quand il s'agit de sauver des vies et des biens, on peut, l'espace d'un instant, avoir l'impression d'être un membre utile de la communauté, au lieu d'avoir le sentiment de perdre son temps, une fois de plus.

Nous souffrons de l'abîme qui sépare la « fausse » vie et la « vraie ». Pourtant, cette dernière est un étrange mirage : dès que l'on s'en approche, elle se dérobe. Des années peuvent s'écouler avant de parvenir à concrétiser une bonne résolution ; et quand on s'est enfin inscrit au club de gym ou au cours de salsa, que l'on s'est mis au jogging ou que l'on s'est plongé dans la rédaction d'un scénario que l'on brûle d'envie d'écrire depuis longtemps, dès que l'on est installé sur l'île déserte dont on a toujours rêvé, on n'échappe pas à cette question : qu'est-ce que ça m'apporte ? Comment ai-je pu croire que c'était ça, la clé du plaisir ?

Tôt ou tard, la vérité se fait jour : notre « fausse » vie est tout ce qu'il y a de plus authentique. Elle est déséquilibrée et bordélique, elle ne nous convient pas vraiment et, en plus, nous l'avions imaginée tout autrement. Mais c'est celle que nous vivons et il nous est impossible d'y échapper. Ce qui ne nous empêche pas, en toute connaissance de cause, de nous cramponner à l'idée d'une « vraie vie », d'une vie « authentique ». C'est notre seul espoir.

Je suis une merde et je compte bien le rester !

Il s'agit de combler la faille entre celui que nous sommes actuellement et celui que nous pourrions être un jour. Voilà pourquoi nous nous transformons en as de l'explication, en conteur de génie. Nous exposons notre situation, détaillons comment nous en sommes arrivés là, annonçons que, bientôt, tout va changer. La souffrance de ne pas être qui nous pourrions être est une remarquable source d'inspiration qui nous pousse à raconter, à qui veut bien nous entendre, la légende de notre Moi idéal. Nous sommes persuadées d'être la Belle au bois dormant qui s'éveillera à la « vraie » vie sous le baiser du prince charmant, le bon – le seul problème étant que l'on ne puisse pas nous conserver dans un cercueil de verre en attendant sa venue.

Nous risquons d'attendre cent ans
que la vraie vie commence.

Notre vie : une histoire imparfaite

Chaque fois que nous racontons un événement qui vient de nous arriver ou qui remonte à plusieurs années, nous en faisons une histoire. Ces anecdotes laissent de côté les détails insignifiants, expliquent nos erreurs et toutes les occasions manquées, excusent les chances non saisies et les relations rompues, etc. Surtout, elles nous accordent une destinée. Sans contextes sensés, il n'y a pas de narration.

Les hasards, heureux et malheureux, les rencontres et les contraintes sociales marquent la vie plus profondément qu'on ne le voudrait. Qui peut dire si nous avons eu raison de suivre telles ou telles études et de renoncer à telles autres ?

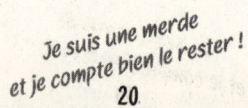

Je suis une merde
et je compte bien le rester !

Qui sait comment les choses auraient tourné pour celui-ci s'il avait bossé un peu plus au lieu de passer son temps à faire la fête ? Que serait devenu celui-là si ses parents l'avaient envoyé à l'étranger dans sa jeunesse, s'ils lui avaient payé des cours de théâtre ou si, à 20 ans, il n'avait pas été aussi timide et peu sûr de lui ? Par nature, bien des réalités ne se révèlent que rétrospectivement. Et encore.

L'exemple suivant nous montre comment le récit d'une vie peut se construire à partir d'un événement fortuit.

Il s'agit d'un homme d'une bonne quarantaine d'années qui travaille à son compte. Depuis toujours, il se bat en vain contre son manque de ponctualité. Enfant, déjà, il arrivait systématiquement en retard à l'école, malgré la vigilance de ses parents, qui veillaient à ce qu'il parte à l'heure chaque matin. Plus tard, il a eu beaucoup de mal à respecter ses rendez-vous personnels, ce qui lui a coûté plusieurs amitiés. Jeune homme, il a laissé partir – au sens propre – la femme de ses rêves. Il est arrivé en retard, stressé, en nage, à des entretiens professionnels. Il a perdu des emplois, s'est fâché avec des amis, a raté des trains, manqué des occasions.

Un jour, il doit prendre l'avion pour Majorque pour la négociation d'un contrat. Il se lève à l'aube, part de chez lui un peu plus tard que prévu, le métro tombe en panne, son taxi est coincé dans un embouteillage… Bref, quand il arrive à l'aéroport, l'avion a déjà décollé. Accablé, il rentre chez lui. Le soir, il apprend à la télé que l'avion qu'il aurait dû prendre le matin s'est écrasé.

Évidemment, cet événement imprévu ne lui paraît absolument pas fortuit et le réconcilie immédiatement avec son sort : le manque de ponctualité contre lequel il

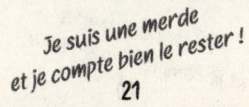

lutte si opiniâtrement et qu'il a toujours considéré comme une malédiction lui fait soudain l'effet d'une bénédiction, puisque, au moment décisif, il lui a sauvé la vie.

Il ne faut cependant pas confondre l'événement lui-même et son interprétation *a posteriori*. C'est une chouette histoire, logique et intéressante, mais ce n'est qu'une histoire. Car cet accident d'avion n'a rien à voir avec le manque de ponctualité incurable de notre homme.

Les histoires que nous racontons sur nous-mêmes sont à double face : justifiant nos faiblesses et nos forces, elles nous prennent du même coup en otages.

Qu'est-ce que cela signifie ? Eh bien, que nous sommes obligés de vivre jusqu'au bout les histoires que nous présentons aux autres – et à nous-mêmes – comme le récit de notre vie. Nous ne pouvons pas nous permettre de renier aujourd'hui ce qu'hier encore nous avons cherché à faire passer pour notre « vraie » vie.

On ne peut pas raconter la vérité. La vérité n'est pas un récit.
Toutes les histoires sont des inventions, des jeux de l'imagination.
Max Frisch

Nous connaissons presque tous la sensation que l'on éprouve quand notre propre « vérité » nous empêche de faire un pas un avant. Combien de gens se livrent à cet aveu : « J'ai du mal à aller jusqu'au bout de tout ce que j'entreprends. » Pensant avoir ainsi identifié un de leurs travers spécifiques, ils passent leur vie à essayer d'échapper à cette malédiction. Certains auront entendu cette critique de la bouche de

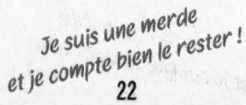

Je suis une merde et je compte bien le rester !

leurs parents et de leurs professeurs, et ils les auront crus. Pourtant, qu'elle soit de leur fait ou qu'ils l'aient empruntée à autrui, il va de soi que pareille histoire est une entrave à leur liberté.

Il suffit en effet d'y croire pour ne plus pouvoir, sans être accablé de remords, interrompre une formation que l'on vient de commencer, démissionner d'un emploi dont on est fatigué, laisser tomber un cours de danse qui ne nous apporte plus aucun plaisir ou reposer un manuel d'anglais plus rapidement que prévu.

> *Ce sont les défauts contre lesquels nous luttons*
> *qui déterminent notre vie.*

La plupart des traits de notre caractère doivent beaucoup aux attentes de notre entourage. Nous cherchons toujours à nous justifier de ne pas faire ce que l'on attend de nous – travailler plus ou être amoureux de notre partenaire sexuel, par exemple. Nous allons jusqu'à croire justifiées les exigences de notre entourage. Ce qui nous empêche de dire : « Je n'en ai pas envie », ou tout simplement : « Ce n'est pas mon truc. » Nous préférons remuer le passé en quête de raisons susceptibles de nous disculper moralement : si je suis une merde, c'est peut-être parce que je ne crois pas suffisamment en moi. Et si je ne crois pas en moi, c'est à cause de mes parents, qui ne m'ont pas assez complimenté quand j'étais petit.

Voici une autre justification toute prête que l'on entend fréquemment : « Je n'aime pas mon conjoint parce qu'on ne m'a jamais aimé. Pour l'aimer, je dois commencer par

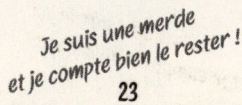

apprendre à m'aimer moi-même... » Ce qui évite d'avoir à ouvrir les yeux sur le caractère de son partenaire.

Il est épuisant de devoir à tout moment tirer le maximum de soi et de sa vie. Mais si c'est ce que vous pensez, c'est qu'il y a quelque chose qui cloche chez vous : les autres considèrent leur existence comme un défi et se mettent au travail, le sourire aux lèvres. Il n'y a que vous que ça n'amuse pas. Il n'y a que vous pour vous empiffrer, vautré sur le canapé, pour n'avoir aucune envie d'apprendre à jouer d'un instrument de musique, pour n'éprouver aucun intérêt pour l'art ou pour la littérature, ni pour rien d'autre d'ailleurs, et pour ne pas supporter la plupart de ceux qui vous entourent. Il n'y a que vous pour continuer à vivre avec quelqu'un que vous n'aimez pas. Vous finissez par vous méfier de vos désirs et de vos besoins, par les transformer en faiblesses et en défauts. C'est ce que l'on appelle « apprendre à se connaître », et il paraît que c'est la première étape du progrès.

Malheureusement, les défauts ainsi dévoilés prennent vie et, comme dans les contes, ils se transforment en sortilège : plus nous cherchons à leur échapper, plus nous nous enlisons.

Il y en a qui préfèrent s'attribuer un défaut plutôt que de reconnaître : « Je n'en ai pas envie », ou bien : « Je ne supporte pas ce con. »

Une biographie voit le jour à l'instant où elle est racontée – c'est ce qu'explique le professeur Jürgen Henningsen, philosophe et pédagogue, dans son essai intitulé *Jeder Mensch erfindet sich eine Geschichte. Max Frisch und die*

Autobiographie [« Chaque homme s'invente une histoire. Max Frisch et l'autobiographie »].

Selon lui, les seuls éléments incontestables d'une autobiographie seraient la date de naissance et celle de décès – tout le reste n'est qu'interprétation. Le plus souvent, l'interprète n'a pas conscience d'inventer son histoire, car elle lui paraît si logique et convaincante qu'il la prend réellement pour sa vie.

Pour étayer sa thèse, Jürgen Henningsen cite des passages de l'autobiographie de Henry Adams (1838-1918), *L'Éducation de Henry Adams*, dans laquelle l'historien américain fait d'un événement précis de son enfance une expérience-clé, qui, prétend-il, a profondément marqué sa personnalité et sa carrière.

Henry Adams, qui avait pour arrière-grand-père John Adams et pour grand-père John Quincy Adams, président des États-Unis, raconte ainsi qu'il attrapa la scarlatine à 4 ans. Tout au long de l'hiver 1842, le petit malade fut trimballé d'une maison à l'autre, emmailloté dans des draps de lin. Soixante ans plus tard, Henry écrit n'avoir jamais pu oublier la violente douleur qu'il avait éprouvée sous ses draps à cause du manque d'air, ni le bruit des meubles que l'on déplaçait. C'était cette maladie qui lui avait barré la route du succès. Au départ, son infirmité avait été purement physique ; sa croissance avait été ralentie et il mesurait entre six et huit centimètres de moins que ses frères. Mais son caractère et ses progrès intellectuels eux-mêmes semblaient avoir été touchés par cette faiblesse de constitution. Henry Adams était convaincu que sa maladie

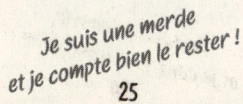

infantile était à l'origine de son instabilité nerveuse, de sa tendance au doute et de sa phobie des responsabilités.

Jürgen Henningsen souligne avec force que la véritable cause du prétendu « changement » de caractère de Henry Adams n'est pas la maladie en tant que telle, comme fait brut, mais son élaboration discursive et intellectuelle. Henry Adams cherche à expliquer à ses lecteurs, et à lui-même, pourquoi il est devenu ce qu'il est. Mais quel est le véritable enjeu de son autobiographie ?

En réalité, l'histoire de sa vie telle que nous la raconte Henry Adams cherche à justifier qu'il ne soit pas devenu président des États-Unis. C'était en effet, d'une manière ou d'une autre, ce que son entourage attendait de lui – n'ayant pas réalisé cette ambition, il ne lui restait qu'à légitimer sa carrière assez médiocre d'historien et d'écrivain en arguant de ses nerfs fragiles et de sa faible constitution. S'il avait été issu d'une pauvre famille de mineurs analphabètes de père en fils, il nous aurait raconté sa vie très différemment... malgré la scarlatine !

Passer une semaine sans se justifier

Nous craignons d'être rejetés si nous ne satisfaisons pas à certains critères. Les histoires que nous racontons pour nous disculper ont l'avantage de prouver notre bonne volonté, sur le modèle suivant : « Je ferais volontiers ce que tu me demandes, mais ceci ou cela m'en empêche. On ne m'a jamais appris ça quand j'étais petit. Mon comportement répréhensible est dû à un traumatisme. Je suis surmené, pardonne-moi. Je ne le savais pas, mais maintenant j'ai

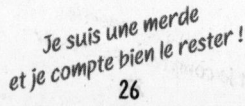
Je suis une merde et je compte bien le rester !

compris qu'il faut que je change et que je travaille sur moi-même. Je ferais peut-être bien d'entreprendre une psychothérapie ou de m'inscrire à un atelier de découverte de soi... ? »

On peut se débarrasser de ses peurs en les affrontant : la prochaine fois que vous vous trouverez dans une situation où l'on exige quelque chose de vous, contentez-vous de répondre : « Je n'en ai pas envie », ou : « Fais-le toi-même », ou encore : « C'est une bonne idée, mais c'est trop dur pour moi. » Observez à quel point ce refus de vous justifier agace votre interlocuteur. Prenez-en de la graine.

Quelques attentes typiques de notre entourage auxquelles rien ne nous empêche de nous dérober :

Pourquoi ne gagnes-tu pas plus d'argent ?

Tu pourrais être un peu plus romantique !

Tu avais pourtant décidé de perdre du poids et de faire plus de sport.

Tu as oublié que tu as des enfants ou quoi ?

Au lieu de rester scotché à ton ordinateur, tu ne pourrais pas prendre un livre ?

Tu crois vraiment que le monde tourne autour de toi ?

Tu sais que la poubelle ne descend pas toute seule et que les courses ne sautent pas par la fenêtre pour aller se ranger bien gentiment dans le frigo ?

Tu m'écoutes au moins ?

Pourquoi acceptes-tu de te laisser traiter comme ça ?

Tu n'as pas à mépriser tous ceux qui t'ennuient. Il y a des gens ordinaires qui sont très sympas.

Mes parents sont des êtres humains comme les autres.

On ne prend vraiment conscience d'inventer des histoires pour se justifier que lorsque l'on est vraiment incapable de trouver quelque chose de convaincant : j'envie Henry Adams, je n'ai pas eu la scarlatine quand j'étais petite et, pourtant, j'aurais pu en faire bon usage. Quand j'étais au collège, j'étais nulle en sport, ce qui me valait les moqueries de mes camarades de classe, mais aussi de mes parents. J'en souffrais d'autant plus que je ne pouvais rien faire pour y remédier. À 14 ans, je n'étais pas assez sûre de moi pour répliquer que je détestais le sport. Je souhaitais donc de toutes mes forces que, à ma prochaine visite, notre généraliste me découvre une maladie qui puisse présenter mes contre-performances sportives sous un nouveau jour. Je me voyais déjà assise avec mes parents dans le cabinet du médecin, ce dernier leur expliquant que je souffrais de la rare maladie XY et qu'il se demandait comment, dans un tel état, je tenais encore debout. En un instant, mes mauvais résultats sportifs se seraient transformés en exploits physiques. La maladie m'aurait définitivement débarrassée des cours de gym, j'aurais été autorisée à rester assise sur un banc avec un bon bouquin, mes camarades de classe seraient venus me dire qu'ils étaient désolés de m'avoir toujours choisie en dernier pour faire partie de leur équipe et, à la maison, mes parents auraient été aux petits soins pour moi.

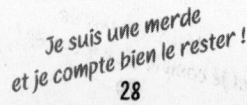

Je suis une merde et je compte bien le rester !

Par bonheur, je n'ai pas eu de maladie qui aurait pu justifier mon incompétence sportive, car il est extrêmement difficile de se dépêtrer de sa propre histoire. Dans un premier temps, on en apprécie les avantages, mais, un jour ou l'autre, ses inconvénients vous rattrapent. Ou bien on reste malade plus longtemps que l'on ne l'aurait voulu, ou bien on simule, en redoutant de finir par être démasqué.

Un autre Moi, ça coûte plus cher que la perte d'un portefeuille rempli, n'est-ce pas ?
Il aurait dû renoncer à toute l'histoire de sa vie, revivre chaque événement, et d'une façon nouvelle, car il n'aurait pas été adapté à son Moi

Max Frisch, *Le Désert des miroirs* (trad. A. Cœuroy)

Et il n'est pas exclu que l'excuse offerte par la maladie ne soit pas seule à s'effondrer, mais entraîne dans sa chute la prétendue inaptitude sportive.

Quoi qu'il en soit, si bonne soit l'histoire, elle ne permet pas de triompher de ses défauts. Si l'on croit avoir repris le contrôle de sa vie grâce à de belles explications, force est de constater, très vite, que l'on s'est trompé : on aura beau analyser, sonder ses failles en profondeur, cela ne suffira pas, et de loin, à les combler ! Cette exploration pourrait même les creuser à l'infini.

Max Frisch, qui s'est intéressé dans son œuvre au thème de l'effort sur soi, doit sa célébrité à un personnage qui n'arrive plus à se réconcilier avec sa propre vie : refusant de poursuivre l'existence qu'il mène avec sa femme Julika,

Je suis une merde et je compte bien le rester !

le sculpteur Anatol Ludwig Stiller fuit sa Suisse natale pour les États-Unis. Il revient deux ans plus tard et, se faisant appréhender à sa descente d'avion, il déclare : « Je ne suis pas Stiller. »

Son entourage finit par le convaincre de reprendre sa vie d'autrefois et, bien sûr, il se retrouve à nouveau rapidement dans la même situation malheureuse, dans la même impasse. Julika n'a jamais compris son égocentrique de mari et ne le comprend toujours pas. Se croyant incapable d'aimer Julika, Stiller passe son temps à culpabiliser. Ils ont beau essayer tous deux de s'entendre, leurs efforts sont voués à l'échec. Pour finir, la catastrophe que Stiller avait voulu éviter en refusant d'être Stiller se produit : le jour où Julika contracte la tuberculose et se fait opérer, Stiller est incapable de se forcer à aller la voir à l'hôpital et il la laisse mourir dans la solitude.

Être libre, c'est avant tout se libérer de sa propre histoire.

Le sculpteur Stiller incarne l'angoisse profonde qui accompagne le manque de pouvoir sur soi et sur sa destinée. On soupçonne parfois que l'on perd son temps en cherchant à s'améliorer. Ces éclairs de lucidité sont affreusement douloureux, car, en même temps, on est convaincu que la vie ne vaut d'être vécue que si l'on est capable de surmonter telle ou telle imperfection, tel ou tel défaut. Mais est-ce vraiment possible ?

La littérature traite abondamment du tragique inhérent à toute tentative de dépassement de soi. Chacun sait comment se terminent ces œuvres : à la fin de sa vie, le

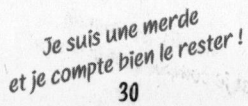

Je suis une merde et je compte bien le rester !

héros découvre que ce n'étaient pas ses défauts qui faisaient son malheur, mais tous ses efforts pour en venir à bout.

Il est grand temps de proposer une thérapie pour les cas gravissimes de délire d'optimisation personnelle, qui aiderait les personnes atteintes de ce mal à renoncer à leurs vains efforts. À titre d'expérience, je me suis amusée un jour à rédiger le texte de la page d'accueil du site Internet de cette association imaginaire destinée à ceux qui veulent décrocher. En fait, je me suis contentée de modifier légèrement le texte que j'ai trouvé sur le site d'Exit – un programme allemand de déradicalisation pour extrémistes de droite. Le résultat n'est pas d'une élégance rare, mais considérez-le comme un brouillon :

« *Halte au dictat du projet de vie* » *est une initiative destinée à aider ceux qui souhaitent rompre avec leur vie d'autrefois et en élaborer une nouvelle.*

Nous proposons également une analyse de l'univers conceptuel et du comportement des « *terroristes du projet de vie* » *en nous appuyant sur les valeurs de liberté et de dignité personnelles.*

J'AI CÉDÉ au dictat de la réussite personnelle parce que j'étais convaincu qu'une pensée et une action entièrement tournées vers la réussite étaient justes.

J'EN SUIS SORTI parce que j'ai pris conscience que ma liberté individuelle avait été asservie par le dictat du projet de vie et que ce que j'avais pris pour des vérités a commencé à vaciller.

Je suis une merde et je compte bien le rester !

Ceux qui trouveront cette comparaison de mauvais goût n'ont pas encore compris la force explosive qui se cache derrière bien des récits de vie. Stiller court à sa perte parce qu'il est convaincu de ne pas aimer suffisamment sa femme. Il passe sa vie à avoir des remords, croit même être responsable de la mort solitaire de Julika, ce dont son entourage est également convaincu. (Après tout, c'est ce qu'il lui a raconté.)

En fait, Stiller ne devrait pas se demander s'il est incapable d'aimer et pourquoi, mais s'il est absolument indispensable d'aimer sa femme ou tout autre être humain. Qui a dit que l'on devait aimer l'autre ? Ne peut-on pas vivre ensemble et s'entendre très bien sans être amoureux ? Et puis d'abord, qu'est-ce que l'amour ?

Il est vrai que beaucoup de gens ont autant de mal à renoncer à leur histoire qu'un extrémiste de droite à son idéologie. Si nous ne croyons pas à la singularité de nos défauts et n'espérons pas en guérir, la vie nous paraîtra aussi vide qu'au fanatique qui vient de prendre congé de son ancien milieu et se retrouve assis, bras ballants, sur son canapé.

Voilà pourquoi on s'accroche à l'histoire de sa vie, même si elle nous rend malheureux et nous tourmente : mieux vaut une histoire insatisfaisante que pas d'histoire du tout.

Ce n'est pas parce que la plupart des gens cherchent à tirer le maximum de leur vie que nous devons en faire autant. Peut-être serait-il préférable d'exploiter l'obsession des autres au lieu de se rendre soi-même cinglé : pourquoi ne pas écrire un roman ou un scénario dont les personnages principaux réussiraient à accomplir ce que personne dans leur entourage n'aura plus cru possible ? Une chance

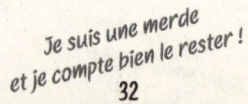
Je suis une merde et je compte bien le rester !

extraordinaire au dernier moment, voilà un thème qui devrait vous propulser en tête des listes de best-sellers !

On pourrait raconter l'histoire de ces hommes et de ces femmes qui n'ont commencé à peindre et à écrire que sur leurs vieux jours et sont devenus célèbres à la veille de leur mort. Inutile d'éviter les modèles traditionnels de rôles sexuels : le public adore ça. Ces livres prétendraient qu'il existe des carrières pour les plus de 50 ans, qui, après bien des hauts et des bas, accéderaient inopinément aux échelons supérieurs de leur entreprise. Des femmes de 60 ans rencontreraient l'homme de leur vie et trouveraient le bonheur et l'amour auxquels elles aspiraient. Inutile de brider votre imagination : plus vous vous éloignerez de la réalité impitoyable, mieux ces scénarios et ces romans se vendront.

Faites de votre vie une sitcom plutôt qu'une série télé

« Ne crains pas le changement, crains plutôt la routine. »
Devise de Lisa Plenske et David Seidel, héros du Destin de Lisa.

Voici une question que chacun devrait se poser avant de s'engager dans son entreprise d'optimisation personnelle : Serai-je plus apprécié si je travaille sur moi et si je fais des progrès quotidiens ? Ma vie sera-t-elle plus gaie ? Est-ce que je m'éclaterai plus avec mes amis, mes amants, mes parents et mes enfants ? L'optimisme attire-t-il plus de sympathie et d'amour – quel que soit le sens que nous donnons à ces mots – et serai-je plus heureux en poursuivant un objectif qui en vaut la peine ? Ce travail sur moi me rapprochera-t-il de mon être profond ? Autrement dit : me rendra-t-il plus authentique ?

Il suffit de passer de longues heures devant la télé ou d'aller fréquemment au cinéma pour trouver la réponse à ces questions essentielles. Les protagonistes de séries se battent – comme nous – pour accéder à l'amour et à la reconnaissance. Ils veulent faire leur chemin dans la vie, professionnellement et personnellement. Une insignifiante employée à la cafétéria, en deux temps trois mouvements, devient assistante de direction ; le vilain petit canard se métamorphose alors en jeune femme élégante et sûre d'elle qui, à la fin de la première saison, va épouser le séduisant patron qui ne lui avait même pas accordé un regard au début.

« La vie donne leur chance à tous ceux qui font
vraiment des efforts. »
Lisa Plenske, Le Destin de Lisa.

Les personnages de séries doivent avoir un but pour moteur, faute de quoi il n'y a pas d'histoire. On vous apprend ça dans les cours de scénario : à la fin d'une saison, les protagonistes ne doivent plus être les mêmes que dans le premier épisode. Les personnages doivent subir des crises, connaître des revers, tirer les leçons de leurs erreurs et progresser, pour que les spectateurs puissent s'identifier à eux. Après tout, c'est ce que tout le monde veut : progresser. Devenir un être humain meilleur, ou au moins un meilleur amant. Si Machine peut le faire, pourquoi pas moi ?

Je suis une merde
et je compte bien le rester !

Des rédacteurs de séries télé allemandes se retrouvent régulièrement à Majorque ou sur les côtes de la Baltique pour s'enfermer pendant plusieurs semaines dans un cabanon afin de définir l'avenir de leurs personnages principaux. À la fin de la prochaine saison, Machine doit avoir présenté sa première collection ; au terme de six épisodes, elle doit montrer un peu plus d'assurance, tandis que Machinette, passionnée de patinage artistique, doit avoir remporté son premier tournoi.

De retour à Berlin, Munich ou Hambourg, ils introduisent dans les différents épisodes les rebondissements décidés au cours de ces *Rencontres du futur* de Majorque ou de la Baltique.

Il existe pourtant les antagonistes de Machine, Machinette et Machin : des personnages qui ne passent pas leur temps à essayer de se soigner ou de mieux faire. Ceux-là comptent d'ailleurs parmi les sujets artistiques les plus intéressants du paysage audiovisuel. Ces personnages font du surplace et, pourtant, ils ont un message essentiel à nous transmettre : on peut réussir sa vie sans devenir meilleur.

Un des premiers à avoir refusé ce dictat du développement personnel s'appelle Alf. Alf, dont le nom est l'acronyme d'*Alien Life Form* – « Forme de Vie Extraterrestre » –, s'est écrasé en 1986 avec son vaisseau spatial sur le garage des Tanner, une famille d'Américains moyens. Ce sac à patates poilu affublé de grosses pattes et d'un groin, bruyant, glouton et vulgaire, est immédiatement devenu un personnage culte.

Il faut le dissimuler aux autorités et aux voisins, et la cohabitation n'est pas une partie de plaisir. À cause de lui, les Tanner sont victimes d'une succession de catastrophes. Alf s'obstine à vouloir trucider les chats, parce qu'ils passent pour une friandise exquise sur sa planète d'origine. Il démolit les meubles, passe des coups de fil hors de prix, commande des montagnes de marchandises inutiles et pille le frigo. Ce qui n'empêche pas les Tanner de l'aimer et de le protéger.

Ne pas s'améliorer, voilà qui est provocateur, anarchique, innovant.

La manie de se remettre perpétuellement en question est complètement étrangère à cette créature hideuse et grossière venue de l'espace. Alf n'a aucune envie d'exploiter ses dispositions et ses compétences efficacement ; il ne fait que ce qui lui passe par la tête. Ses activités favorites sont manger, regarder la télé, glander. Son leitmotiv est « Pas de problème », ce qui signifie avant tout qu'Alf ne se considère pas lui-même comme un problème.

Alf : J'ai l'impression que tu passes beaucoup de temps
à réparer des trucs.
Willie Tanner : C'est parce que tu passes beaucoup de temps
à tout casser.
Alf : Quelle chance que nos activités se complètent si bien !

Dans la mesure où Alf n'évolue pas, ce n'est pas le personnage principal d'une série télé mais d'une sitcom. Une sitcom se distingue précisément d'une série parce que ses personnages *ne changent pas*. À la fin de chaque épisode, ils sont exactement aussi intelligents ou aussi bêtes qu'au début. Dans une sitcom, il est indispensable que les personnages restent tels qu'ils sont. Ce sont en effet leurs signes particuliers qui engendrent le comique de situation. Connaissant leurs points faibles, nous pouvons pressentir de quels mauvais pas ils sauront se dépêtrer et ceux dans lesquels ils s'enfonceront jusqu'au cou. Ce qui nous permet de nous réjouir à l'avance d'un événement qui imposera une nouvelle fois au héros des cas de conscience ou des conflits de loyauté.

L'échec du héros de sitcom est programmé, mais, quoi qu'il advienne, il conserve sa dignité, car il reste fidèle à lui-même, même s'il est le premier à se trouver insupportable. Et nous ferions bien de faire comme lui !

Les personnages de série ont tout le temps quelque chose sur le feu : ils nourrissent un projet, poursuivent un objectif, veulent évincer quelqu'un ou se le mettre dans la poche. Il faut qu'ils prennent immédiatement la mesure du moindre événement, qu'ils l'évaluent et en tirent des conclusions.

En revanche, les personnages de sitcom comme Homer Simpson ou Jessica Day, l'institutrice un peu godiche de la série *New Girl*, n'ont qu'une ambition : arriver au bout de la journée. Comme nous tous, ils cherchent à éviter autant que possible les difficultés et les problèmes, et à échapper aux conflits. S'il pouvait vraiment faire ce qu'il veut, Homer Simpson passerait ses journées à regarder la télé en mangeant des donuts. Quant à Jess, elle reprend quotidiennement sa lutte contre son chagrin d'amour.

Dans le fond, les personnages de sitcom n'ont pas de mauvaises intentions, ils font vraiment des efforts, mais

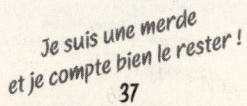

ils sont souvent impuissants. Ils sont confrontés à des problèmes qu'ils n'ont vraiment pas cherchés. Ils gèrent tant bien que mal leurs déceptions quotidiennes, cherchent à comprendre les lubies des autres, doutent d'eux-mêmes et se battent avec des appareils récalcitrants. Limiter la casse : voilà leur but. Dans ces circonstances, impossible de s'occuper d'optimisation personnelle.

Tout bien considéré, c'est un but réaliste – bien moins abstrait que de « faire carrière », de « trouver l'homme de ses rêves », de « devenir top model ou rock star » – et les spectateurs sont parfaitement de cet avis : dans le cadre d'une enquête de marketing réalisée par les chaînes de télévision allemandes, on a demandé aux téléspectateurs quels étaient leurs personnages préférés, lesquels ils trouvaient les plus authentiques. Résultat écrasant de ce sondage : les personnages de sitcom sont considérés comme plus sympathiques et plus crédibles que ceux des séries, même s'ils présentent des traits franchement négatifs. En revanche, les spectateurs trouvaient que les scénarios de nombreuses séries, dans lesquelles les personnages sont condamnés à évoluer, étaient « tirés par les cheveux », « artificiels », « exagérés » et « invraisemblables ».

Quand les héros renoncent à leur vie d'autrefois, qu'ils réussissent à surmonter leurs pires défauts et finissent par incarner leur meilleur Moi, on a du mal à ne pas trouver ça trop beau pour être vrai. La stagiaire qui devient patronne d'une maison de haute couture, le ringard qui se transforme en superstar de hip-hop, le vilain petit canard métamorphosé en bimbo – et à la fin, bien sûr, chacun épouse l'homme ou la femme de ses rêves. On sait toujours comment ça va se

Je suis une merde et je compte bien le rester !

terminer. L'histoire de la belle et la bête, la transformation et, pour finir, la rédemption par l'amour (et le mariage), tout cela est un modèle archétypal. Dans ces scénarios, le seul suspense tient aux défauts contre lesquels les personnages ne cessent de buter ; mais ils finissent immanquablement par négocier le virage et par présenter un parcours sans faute.

Jason Reitman, le réalisateur de *Young Adult*, donne raison aux téléspectateurs qui jugent ces situations irréalistes. Son film raconte l'histoire d'une jeune femme qui vient de divorcer et qui écrit, sans grand succès, des livres pour ados. En réalité, il n'arrive rien à Mavis dans ce film. Même après la chute finale, elle n'a pas la moindre révélation, n'a pas changé d'un iota et ne prend même pas rendez-vous chez un psy.

Présenté pour la première fois en Allemagne au 62e Festival international du film de Berlin, ce film a été plutôt bien accueilli par la critique. Roger Ebert du *Chicago Sun-Time* a fait l'éloge de cette étude de caractère courageuse et sincère. Dans une interview, Jason Reitman reconnaît : « Je ne crois pas que les gens changent fondamentalement. Les seuls à le faire sont les ex-junkies ou les anciens alcooliques, qui suivent un programme de désintoxication en douze étapes. Tous les autres restent des enfants. »

On aime les personnages de sitcom malgré leurs travers et leurs faiblesses. On compatit quand ils ont des ennuis. On est de leur côté quand l'un de leurs pieux mensonges est éventé ou quand la rencontre avec leur ex ne se passe pas du tout comme prévu. Car nous connaissons de A à Z tout ce qu'ils vivent. En les voyant torturés par la honte et les

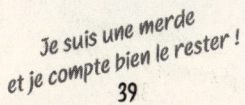

Je suis une merde et je compte bien le rester !

soucis, nous avons envie de leur crier : « Ne t'en fais pas ! Nous t'aimons tel que tu es. »

Les personnages de série, eux, n'ont que faire de notre pitié. Même s'ils doivent suer sang et eau pour atteindre leur objectif, tout finira quoi qu'il en soit par une réussite. Ce sont des modèles que l'on peut admirer et essayer d'imiter. Et si ces modèles se cassent la figure, on a peine à se défendre d'un soupçon de joie sournoise : après tout, c'est toi qui as voulu être meilleur, à toi d'en assumer les conséquences.

Si les personnages de sitcom et de série ne sont évidemment pas de vrais êtres humains, leurs histoires sont présentées de manière à ce que les spectateurs puissent s'identifier à eux. Et tout porte à croire que les histoires dont les protagonistes ne s'arrangent pas avec le temps s'y prêtent mieux, parce qu'on les trouve plus sympas. Voilà qui devrait nous faire réfléchir.

Répondez à ces questions, si ça vous dit :

Quand vous lisez des biographies et des récits de carrières hors du commun, vous surprenez-vous à vous demander si vous pourriez encore en faire autant ?

Oui

Pensez-vous que la vie vous réserve encore forcément quelque chose de super ?

Oui

Je suis une merde
et je compte bien le rester !

Envisagez-vous souvent d'introduire de nouvelles habitudes dans votre existence, concevez-vous de nouvelles idées commerciales et les présentez-vous à vos amis en vous mettant ainsi au pied du mur ?

Oui

Croyez-vous que vos amis vous aimeraient davantage si vous réussissiez mieux ?

Oui

Est-il important de se réaliser artistiquement pour accéder au bonheur ?

Oui

Imaginez que vous ne puissiez plus modifier quoi que ce soit d'important en vous jusqu'à la fin de vos jours : apparence, silhouette, compétences. Serait-ce un échec ?

Oui

Avez-vous l'impression de n'avoir pas profité au maximum des meilleures années de votre vie, ou, pire, de les avoir gâchées ?

Oui

Pensez-vous qu'il faut avoir analysé son enfance en profondeur pour mieux comprendre l'adulte que l'on est devenu ?

Oui

Gâchez-vous vos vacances en prenant la résolution d'en profiter pour faire un régime et de vous mettre au sport avant de décider, après quelques jours de vacances, de repousser cela à votre retour ?

Oui

Y a-t-il un ou plusieurs événements dont vous pensez que vous auriez pu tirer meilleur parti ? Pensez-vous que si vous l'aviez fait votre vie aurait été différente ?

Oui

Aimeriez-vous pouvoir tout reprendre à zéro ?

Oui

Quand vous aviez 20 ou 25 ans, pensiez-vous que vous étiez déjà trop vieux pour entreprendre bien des choses et cela vous surprend-il maintenant que vous êtes nettement plus âgé ?

Oui

Avez-vous l'intention de faire un travail sur vous-même jusqu'à la fin de votre vie ?

Oui

2.
Qu'arriverait-il si...

Un jeu dangereux !

Si les entreprises de développement personnel échouent, ce n'est pas forcément parce que l'on n'est qu'une merde. Dans bien des cas, c'est que l'on ne sait pas par où commencer. La question décisive est la suivante : qu'est-ce que je veux vraiment ? Autrement dit : pour quoi suis-je prêt à me battre et à mobiliser toutes mes forces ?

Définir ses rêves et ses désirs n'est pas une tâche facile et oblige parfois à des ruses intellectuelles. En effet, c'est notre raison, avec ses craintes, ses objections et ses doutes perpétuels, qui tue dans l'œuf tout élan d'enthousiasme.

Certains petits exercices de gymnastique intellectuelle peuvent vous aider à prendre conscience de vos rêves les plus profondément enfouis. En voici un, très connu.

Imaginez qu'il n'existe aucun obstacle, d'aucune sorte, et que rien ne vous empêche d'atteindre tous les objectifs imaginables : vous pouvez devenir patineuse artistique, architecte, aventurière, actrice, professeur de physique expérimentale, écrivaine ou mécanicienne automobile.

Dans cet exercice, il est interdit de présenter des objections comme « Je suis trop vieux », « Je n'ai aucun talent pour ça » ou « Je ne suis pas assez discipliné » ou « Il faut un sacré bol pour y arriver ». Tout est possible, il suffit de se lancer. Alors, que feriez-vous ?

Le premier métier, la première situation qui vous passe par la tête, voilà le rêve de votre vie. Ignorez les doutes qui vous assaillent, concentrez-vous sur l'image de votre autre vie, de votre vie meilleure.

L'espace d'un instant, admettons que vous vous soyez affranchi de vos doutes et que vous ayez découvert ce que vous aimeriez vraiment faire, la personne que vous voudriez vraiment être. Quelles sont les conséquences de cette prise de conscience ? Maintenant que vous avez réussi à arracher à votre inconscient votre véritable vocation, il n'est plus question de chômer. Vous voilà obligé de réaliser ce qui n'avait été jusque-là qu'un rêve : vous n'avez plus d'échappatoire !

Impossible de fuir votre destinée, même si vous n'avez aucun don particulier pour cela, que vous avez une famille à gérer et déjà plus de 50 ans. Vous le savez bien : ni les circonstances, ni vos parents, ni vos propres enfants ne doivent servir de prétexte à votre paresse, car les circonstances, les parents et les enfants détestent ça. Se mentir à soi-même, c'est se rendre insupportable. On fait pitié, on fait rire, et, le soir, on a du mal à s'endormir.

Le chemin qui mène à votre but, à votre rêve, est escarpé ; ce n'est pas pour rien que vous avez toujours hésité à vous lancer. Vos doutes n'étaient pas tous injustifiés – mais quand on veut réussir, il ne faut pas se laisser intimider par le premier obstacle venu, comme un compte bancaire dans le rouge, des enfants mineurs et dépendants ou des perspectives de succès proches de zéro.

*Je suis une merde
et je compte bien le rester !*

Si, au terme de ce petit exercice intellectuel, vous continuez à vivre comme avant, ne perdez jamais de vue que vous vous condamnez à rester constamment en deçà de vos possibilités. Vous ne vous débarrasserez pas aussi aisément du poids de votre vraie vocation. Ne pas faire de sa vie ce que l'on aurait pu en faire – difficile d'imaginer pire bilan pour un individu cultivé, pour le citoyen d'un État-providence.

Contre-proposition

Je vous propose un autre exercice, moins périlleux : imaginez que vous n'ayez pas besoin de faire quoi que ce soit de spécial, que vous ne soyez obligé de réaliser aucun des objectifs que vous vous êtes fixés. Inutile d'apprendre une langue étrangère ou un instrument de musique, personne n'attend de vous le moindre exploit sportif ou intellectuel. Rien ne vous oblige à vous secouer, à vous donner des coups de pied au cul, à vous dépasser. Et personne ne vous demande de devenir un être humain meilleur, plus heureux, plus beau, plus convenable et qui a mieux réussi.

Combien d'architectes, d'acteurs et de patineurs artistiques se laissent tomber sur leur canapé le soir, épuisés, vidés ? Les rock stars et les hommes politiques eux-mêmes sont bien obligés d'avouer, à leurs heures de faiblesse, qu'ils s'étaient fait une autre image de cette vie qu'on leur disait si merveilleuse. L'argent, la gloire et la beauté ne mettent pas à l'abri de la solitude et de la dépression. Le succès n'a pas apporté le bonheur à la chanteuse Amy Winehouse ni au gardien de but Robert Enke...

Je suis une merde
et je compte bien le rester !

Imaginez donc que vous puissiez faire ou ne pas faire ce que vous souhaitez. Aucune exigence intérieure ne vous contraint à abattre des journées de seize heures ni à vous imposer un programme intensif pour le week-end. Vous pouvez très bien aller voir des amis, prendre un café en terrasse, lire le journal, grignoter du chocolat ou passer des heures devant la télé. En revanche, refusez catégoriquement de consacrer la moindre minute à travailler sur votre Moi insatisfaisant et imparfait. Allez plutôt feuilleter un magazine dans votre bistrot préféré ou au parc, sur un banc. Votre entourage ne vous prête aucune attention. Le ciel bleu qui s'étend au-dessus de votre tête, l'arbre qui pousse à côté de vous, votre voisin et les animaux qui vivent dans l'eau, sur terre et dans les airs se fichent pas mal de vos progrès.

Comment vous sentiriez-vous si, tout à coup, vous pouviez renoncer à tout effort pour améliorer votre caractère, votre situation professionnelle, votre vie conjugale, vos relations avec vos enfants et vos amis ? Cet état ne mériterait-il pas à juste titre le nom de liberté ?

Nous cherchons à nous améliorer depuis 2 000 ans... avec un succès très relatif

D'où vient cette tendance fatigante et destructrice qui nous pousse à vouloir toujours faire mieux ? Cette exigence sans fin, qui nous épuise et à laquelle personne n'échappe pourtant ? Vouloir donner le meilleur de soi-même nous paraît tellement évident que nous y voyons un besoin inné de l'homme.

Il y a quelques années, je me trouvais avec mon père dans le jardin bien entretenu du kibboutz Beït-Alpha, au nord d'Israël. Une cascade artificielle glougloutait tandis que des haut-parleurs suspendus dans les dattiers diffusaient de la musique classique. Ce matin-là, nous étions seuls dans le jardin, à l'exception de deux Bédouins qui surveillaient leurs chameaux occupés à s'empiffrer de dattes tombées dans l'herbe.

Au bout d'une heure, les deux Bédouins se levèrent, ramassèrent quelques poignées de dattes qu'ils fourrèrent dans de petites sacoches de cuir, tirèrent les immenses bêtes par leur longe, s'apprêtant à repartir. Un membre du kibboutz sortit de la cabane du gardien et s'adressa aux deux hommes ; manifestement, il voulait les convaincre de rester. Un quatrième type en salopette qui poussait une brouette rejoignit le groupe et une discussion animée s'engagea. Mon père se dirigea vers eux, prêt à jouer les intermédiaires, puisqu'il parlait arabe.

Je ne comprenais rien et dus attendre que mon père me traduise leur conversation : de bonne heure ce matin-là, le jardinier du kibboutz avait vu les Bédouins dresser leur camp de l'autre côté de la route. Il les avait invités à ramasser les dattes qui jonchaient le sol du jardin avant qu'elles ne soient complètement desséchées. Les chameaux adorent les dattes, qui constituent en outre un fourrage appréciable pour des nomades, car c'est un aliment riche en sucre et en sels minéraux. L'idée était la suivante : les Bédouins nettoieraient le jardin, en échange de quoi ils pourraient avoir toutes ces dattes gratuitement. Les Bédouins étaient venus, leurs chameaux avaient mangé des dattes, ils en

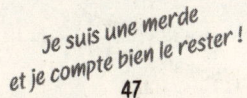

avaient ramassé quelques-unes de plus, mais il en restait encore des milliers par terre. « Le jardinier veut qu'ils prennent toutes les dattes, m'expliqua mon père, mais les Bédouins disent qu'ils en ont assez pour aujourd'hui. »

« Et demain ? Et après-demain ? leur cria le jardinier. Vous n'aurez pas envie de manger de dattes ?

– Si on veut des dattes demain, on reviendra demain », répondirent les Bédouins, et avec une claque sur la croupe de leurs chameaux, ils s'éloignèrent.

Sur le moment, j'avais eu du mal à comprendre cette scène, et pourtant, la logique était imparable. Les nomades n'obéissent pas aux mêmes règles que les sédentaires. Quand on se déplace dans le désert, mieux vaut ne pas trop s'encombrer. Le Bédouin vit au jour le jour, les projets à long terme ne trouvent pas place dans son environnement. Ses possibilités de faire étalage de sa réussite et de son statut par ses biens se limitent à ce qu'il peut transporter avec lui. Les possessions les plus appréciables sont celles qui se déplacent toutes seules, mais les moutons, les femmes, les chèvres, les enfants et les chameaux exigent tout de même un minimum de soins. Dans le désert, il n'est pas question de réalisation de soi, mais de simple survie.

En fait, l'idée de placer le bonheur individuel au cœur de l'action politique est née à 1 200 kilomètres au nord-ouest de cette pelouse israélienne jonchée de dattes, en Grèce. Pour être heureux et satisfait, déclarait il y a 2 300 ans Aristote dans son traité sur la politique, l'homme doit pouvoir développer tous ses talents artistiques, intellectuels et physiques. Pour cela, il faut évidemment qu'il n'ait pas à consacrer trop de temps à s'alimenter, s'habiller et

Je suis une merde et je compte bien le rester !

se loger. Aussi, selon Aristote, un bon État doit-il créer les conditions qui permettront à chaque citoyen de vivre comme il l'entend. Dans les faits, cela impose à l'État de mettre ses citoyens à l'abri des difficultés matérielles, de financer leur éducation et de leur assurer une assistance judiciaire et l'accès aux soins médicaux.

L'État dans son ensemble ne poursuit en l'occurrence aucun objectif particulier au service duquel il chercherait à embrigader et à exploiter ses citoyens. Le mieux serait, suggère Aristote, que les citoyens d'un État n'aient même plus besoin de travailler pour assurer leur subsistance, car le propre de la liberté, « c'est la liberté laissée à chacun de vivre comme il le souhaite ». Dans un tel État, « le citoyen n'est tenu d'obéir à qui que ce soit ; ou s'il obéit, c'est à la condition de commander à son tour ; et voilà comment, dans ce système, on ajoute encore à la liberté, qui vient de l'égalité¹. »

Si Aristote imaginait qu'un État dans lequel chaque citoyen ferait ce dont il a envie et participerait, à tour de rôle, au gouvernement pouvait fonctionner, c'est parce qu'à l'époque les hommes n'étaient pas tous considérés comme des citoyens. Les esclaves, les femmes, les paysans, les étrangers et les enfants, par exemple, n'étaient pas des citoyens. Ils n'avaient pas voix au chapitre et encore moins au gouvernement. En revanche, ils devaient travailler.

---

1. *Politique*, Livre VII, chap. 1 § 7. Trad. J. Barthélemy de Saint-Hilaire.

Une idée trop moderne pour beaucoup de nos contemporains,
et qui allait pourtant de soi pour Aristote :
le revenu de base sans conditions ni obligations.

Les théories d'Aristote n'ont donc pas seulement posé les fondements de notre démocratie, mais aussi de l'idée que l'existence trouve son sens dans la réalisation de soi. Aristote a par ailleurs clairement reconnu que toutes les autres activités indispensables (faire les courses, cirer ses chaussures, se faire couper les cheveux, faire son lit, préparer à manger, descendre les poubelles) ne contribuent pas directement à l'épanouissement de nos talents. Pour que les citoyens soient libres de se consacrer à leur vocation personnelle, Aristote réclame donc une sorte de revenu de base et la présence d'un personnel suffisant pour les décharger des corvées quotidiennes. C'est la vie idéale : nous nous réalisons pendant que des esclaves cultivent et préparent nos aliments, raccommodent nos vêtements, s'occupent des bêtes et font le ménage. Quant aux enfants, ce sont les femmes qui s'en chargent. Par bonheur, il se trouve que les esclaves et les femmes n'ont pas de vocation particulière et impérative. Pendant que la maison et le jardin sont impeccablement tenus sans que nous ayons à lever le petit doigt et qu'une joyeuse animation règne à la cuisine et dans la nurserie, nous pouvons nous consacrer à la philosophie, à l'art et aux mathématiques. Nous dansons, nous faisons de l'escrime, nous montons à cheval et nous discutons. Et quand tout cela nous fatigue, nous nous reposons.

Je suis une merde
et je compte bien le rester !

Deux mille ans plus tard, l'idéal aristotélicien survit chez tous les Européens éclairés. Pouvoir se réaliser est un droit inaliénable à nos yeux. Dans nos sociétés, l'activité intellectuelle est plus estimée que les tâches ménagères, un drogué du travail mieux vu qu'un RMiste. Aristote écrivait : « Comme tout être vivant vit pour accomplir le plan qu'il porte en lui... une action n'est irréprochablement éthique que si elle vise à l'*eudaimonia* (la réussite de son choix de vie). Au terme de son existence, on peut dresser un bilan et déterminer si elle a répondu aux exigences de cette éthique. »

De toute évidence, cette éthique nous guide encore. Si ce n'était pas le cas, comment expliquer le malaise qui accompagne le moindre de nos plaisirs ? Nous savons bien que nous ne développons aucun de nos talents en enfournant des chips d'une main tout en zappant de l'autre. Nous luttons contre notre mauvaise conscience quand nous laissons nos enfants jouer à des jeux vidéo (parce que c'est le seul moyen de les faire se tenir tranquilles) et nous nous consolons en espérant que ça développera leurs réflexes. Nous les obligeons à apprendre l'espagnol, la danse et le piano, autant de choses que nous n'avons jamais réussi à faire, allez savoir pourquoi.

Dans la culture arabe traditionnelle, on ne recherchait pas le bonheur individuel. Lorsque vous étiez malade ou vieux, ce n'était pas l'État mais vos enfants qui devaient, et doivent encore en partie aujourd'hui, s'occuper de vous. Les parents cherchaient donc moins à se réaliser qu'à s'attirer les bonnes grâces de leur progéniture. En effet, comme l'explique l'écrivain germano-syrien Rafik Schami dans *Le Dilemme arabe* : « Celui qui gagnait les faveurs de ses enfants était certain de vivre ses vieux jours dans la dignité. Aussi longtemps que l'on a vécu dans le désert, la femme remportait plus fréquemment cette lutte pour s'assurer la bienveillance des enfants. Il n'était pas rare que les enfants reçoivent le nom de leur mère, car c'était elle qui, dans le désert, leur apportait l'appui le plus solide, indispensable à la survie. L'étroite cohésion familiale et tribale était une condition *sine qua non* de la survie dans un environnement hostile. »

Survivre ne peut se faire que collectivement, ce qui explique que, pour un Arabe, l'hospitalité et une solidarité familiale sans faille (*asabiyya* en arabe) soient des devoirs sacrés. Le développement personnel n'arrive qu'en quatrième ou cinquième position.

Il n'y a rien à objecter en principe à la réalisation de soi à l'occidentale. Mais à quel moment la liberté de se réaliser est-elle devenue une obligation ? Pourquoi le modèle d'un philosophe de l'Antiquité s'est-il transformé en caricature, en archétype de combattant concevant sa vie comme un défi perpétuel, ainsi que le décrit Heiner Keupp, spécialiste de psychologie sociale ? Comment se fait-il que nous nous méfiions du « plan que nous portons en nous » au point de nous imaginer être sur la bonne voie quand nous vivons sous la contrainte et nous faisons violence ? Pourquoi torturons-nous nos enfants en leur imposant des leçons de guitare,

Je suis une merde et je compte bien le rester !

des cours de soutien et de la gym acrobatique dont ils n'ont que faire ?

« Leçons d'anglais pour enfants adaptées à la vie quotidienne : un cours intensif où les enfants apprennent le vocabulaire de tous les jours. Parmi les thèmes abordés : faire connaissance, jouer ensemble, manger ou s'habiller. En petits groupes avec des locuteurs natifs. »

Publicité berlinoise pour des cours d'anglais destinés aux bébés et aux jeunes enfants.

Si rien de ce que nous faisons n'est jamais suffisant, c'est la faute du christianisme, dont l'idée centrale est que Jésus est mort sur la croix pour délivrer les hommes de leurs péchés et rendre leur âme immortelle. Voilà qu'existait soudain un au-delà dont on espérait influencer la nature par notre comportement ici-bas. Dans l'au-delà, songeait-on pour essayer de se réconforter en des temps difficiles, on serait récompensé de toutes les bonnes actions que l'on avait accomplies et qui n'avaient pas été pleinement appréciées sur terre. La gratification de toutes les restrictions que nous nous étions imposées, de tous nos efforts, était purement et simplement différée au lendemain de notre mort. On ne pouvait plus exiger de profiter de ses exploits de son vivant, ni décider de son propre chef que l'on avait été assez studieux et assez sage pour aujourd'hui et que l'on avait bien mérité de s'empiffrer et de baiser un peu. En effet, on n'était plus libre de dresser soi-même son bilan de vie, quelqu'un d'autre s'en chargeait – et ce quelqu'un n'était autre que Dieu lui-même ! Comment savoir s'il serait satisfait de ce que l'on avait réalisé ? C'était évidemment difficile à évaluer. Peut-être avait-il d'autres critères que

Je suis une merde et je compte bien le rester !

nous. Plus élevés, même, peut-être ? Mieux valait donc assurer le coup en se démenant un peu plus que l'on ne le jugeait nécessaire.

« Bon n'est pas assez bon pour nous »,
slogan publicitaire d'une ancienne chaîne allemande de grands magasins.

Mais le pire restait à venir. Au XVIᵉ siècle, le réformateur suisse Jean Calvin a estimé que la sainteté de Dieu était absolue ; autrement dit, il n'était pas seulement maître du présent, mais aussi du passé et de l'avenir. La conclusion de cette réflexion théologique est que Dieu a forcément déterminé au préalable qui d'entre nous est bon et qui ne l'est pas. Il faudrait en effet être un peu tordu pour imaginer que, juste après la Création, Dieu ait pu se transformer en spectateur et se contenter dorénavant d'observer avec étonnement le comportement de ses créatures. Et il faut être tout aussi tordu pour imaginer que l'on pourrait s'attirer les bonnes grâces de Dieu en fayotant, et « gagner son Paradis » en portant le filet à provisions des vieilles dames et en arrivant toujours à l'heure au boulot, même les jours où on a mal à la tête.

Jean Calvin était convaincu que notre conduite sur terre n'avait aucune importance, car Dieu avait décidé avant même notre naissance si nous ferions partie, ou non, de ceux qui accéderaient au salut. Inutile d'essayer de l'amadouer ou de le prendre pour un comptable vérifiant avec sa règle à calcul de quel côté de la frontière du droit au salut nous nous trouvions.

Super ! pourrait-on se dire. Du coup, je peux faire ou ne pas faire ce que je veux. En effet – d'autant plus que

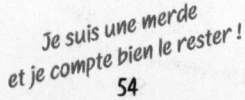

votre conduite serait alors affranchie de tout calcul et de toute hypocrisie. Malheureusement, il y a un hic : celui qui renonce à tout effort, qui ne va jamais au bout de ce qu'il entreprend et qui, pour cette raison, se fait plaquer ou licencier prouve ainsi au monde et à lui-même qu'il ne fait *pas* partie des élus. L'absence de toute réussite terrestre vous adresse un message éloquent : vous êtes condamné, perdu, maudit ! Pour l'éternité. Une conclusion terrifiante qui a tout pour vous dégoûter définitivement de votre bref passage sur Terre.

C'est ainsi que les thèses de Calvin ont provoqué une ferveur forcée, une frénésie superstitieuse qui n'avait d'autre but que de réfuter d'emblée la menace de damnation : le succès ici-bas apportait la preuve que l'on faisait partie des élus de Dieu. L'échec, l'ivrognerie ou la gourmandise, les ruptures conjugales, la paresse et les humeurs dépressives étaient des signes évidents que l'on n'avait franchement pas eu de bol.

La réussite professionnelle, le bonheur conjugal et des enfants bien élevés ne devaient évidemment pas être attribués aux efforts que l'on avait consentis, mais à la grâce de Dieu. De même, un homme n'y pouvait rien si son lit et son canapé exerçaient sur lui une attirance irrépressible et s'il avait un penchant évident à éviter les efforts. Il ne servait à rien de se rebeller contre la damnation divine...

Mais comment savourer pleinement le plaisir de dormir toute la sainte journée, de s'empiffrer, de picoler et de baiser à tout-va en sachant que les flammes éternelles de l'Enfer vous attendent ?

Le protestant croyant luttait contre son angoisse insondable en bossant comme un malade et en menant une vie la plus

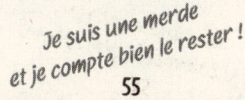

vertueuse possible. Plaisir et loisirs étaient tabous à ses yeux, car qui pouvait jurer que le vice et le chaos ne fondraient pas sur lui s'il se relâchait un seul instant ? Ce comportement superstitieux ne répondait pas à un objectif concret. On était loin de la volonté de réalisation de soi, c'est-à-dire du développement de ses talents pour eux-mêmes. Une réussite durable et une modestie suprême n'étaient que des tranquillisants qui signalaient que l'on comptait parmi les bienheureux dont l'âme était destinée à être sauvée.

La douloureuse question d'une appartenance aux élus ou aux exclus a transformé les protestants en combattants solitaires. Ils jetaient des regards méfiants à leurs prochains moins ambitieux et moins disciplinés. Ils se réjouissaient secrètement de leur infortune, soulagés que les autres se soient fait « coller » et pas eux. Ils n'envisageaient pas un instant de faire cause commune avec les damnés et de se révolter collectivement contre Dieu et contre l'Église.

Ce n'est pas sans raison que le sociologue allemand Max Weber soupçonnait que le calvinisme, avec sa morale de travail rigoureuse, avait jeté les bases essentielles de la révolution industrielle et du capitalisme moderne en Allemagne, en Angleterre, en Hollande et en Suisse.

Le travail est devenu la fin en soi de l'existence prescrite par Dieu.

Quoi qu'il en soit, le calvinisme est responsable de l'étrange nervosité qui s'empare de beaucoup d'entre nous dès que nous cessons de faire quelque chose d'utile. C'est à cause de Jean Calvin que nous ne sommes plus capables de nous dorer tranquillement la pilule sans avoir mauvaise conscience. Tout ce qui nous fait plaisir, tout ce qui nous est agréable prend un arrière-goût amer : faire la grasse matinée rend dépressif, un bon bain chaud est mauvais pour la peau et pour la circulation ; en revanche, une douche glacée à six heures du matin est stimulante et excellente pour la santé. Regarder la télé abrutit, lire un livre cultive. Si on ne se remue pas, on rouille, si on ne continue pas à apprendre toute sa vie, Alzheimer nous attend au tournant. Quand on grignote trop, on grossit et on n'a pas de chéri(e).

Depuis longtemps, se mettre perpétuellement au défi et continuer éternellement à se former n'est plus un programme de torture personnel, mais une doctrine d'État. L'État, dont la main secourable devrait faciliter notre épanouissement personnel, semble désormais tenir opiniâtrement à ce que nous nous perfectionnions. Le marché de la formation continue financée par Pôle Emploi explose. On claque des milliards d'euros pour des cours insensés de reconversion ou de préparation à des entretiens d'embauche. Si vous refusez d'y participer, on vous sucre vos indemnités. La discrimination éducative est publiquement stigmatisée et combattue avec plus ou moins de succès.

N'allez pas croire que l'État fait tout cela parce qu'il nous veut du bien. Parce qu'il souhaite que ses concitoyens se jouent mutuellement les *Suites* de Bach pour violoncelle ou commencent à s'adresser de longues lettres dignes de celles de madame de Sévigné et se pavanent dans les rues avec un physique d'athlète. Ce qu'il espère avant tout, c'est accroître notre utilité potentielle pour le marché du travail. Mais, le problème étant de nature structurelle – appelons un chat un chat : il n'y a pas suffisamment d'emplois pour

Je suis une merde
et je compte bien le rester !

tous –, la formation continue a bien peu de chances de le résoudre.

Impuissant face à ce problème structurel, l'État rejette sur nous la responsabilité de notre employabilité en brandissant le mirage de la formation continue perpétuelle. Autant raconter aux enfants que, s'ils sont sages, il fera beau demain. Ce n'est pas sans raison que le programme de formation de l'UE, *Lifelong Learning*, « Apprendre tout au long de la vie », a suscité de violentes critiques.

« Lifelong Learning » légitime l'exclusion. Celui qui n'arrive pas ou n'est pas prêt à s'adapter en permanence ne peut s'en prendre qu'à lui-même.
Erich Ribolits

Impossible d'échapper à la culture du « Tu vas y arriver » et du « Tu peux, toi aussi, apporter ta contribution à la collectivité ». Les formules censées nous inciter à nous dépasser figurent sur des affiches publicitaires, des calendriers et même dans les communiqués des ministères. Elles sont postées sur Facebook, imprimées sur des vêtements. Il est bien rare qu'on les remette en question. Lisez cette liste de messages de coaching et essayez d'analyser ce qu'ils éveillent en vous :

⇒ Quand on veut, on peut.

⇒ Dans la vie, on n'a rien sans rien.

⇒ L'avenir appartient à ceux qui n'ont pas peur de mettre les mains dans le cambouis.

⇒ Tu as essayé ? Tu as raté ? Et alors ? Essaie encore. Rate encore. Rate mieux.

⇒ Le véritable exploit n'est pas de ne jamais tomber, mais de se relever après chaque chute.

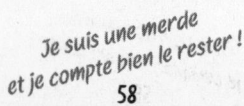

Je suis une merde et je compte bien le rester !

⇒ S'inquiéter, c'est comme un fauteuil à bascule. Ça fait passer le temps, mais ça ne mène à rien.

⇒ Les gens heureux n'ont pas le meilleur de tout, ils tirent le meilleur de tout.

⇒ Une chose n'est impossible que jusqu'au moment où elle ne l'est plus.

⇒ L'échec te donne l'occasion de recommencer. Plus intelligemment.

⇒ Tout n'est pas possible... mais il y a bien plus de choses possibles que tu ne le crois !

⇒ Tout le monde disait : on ne peut pas faire une chose pareille. Puis quelqu'un est venu qui ne le savait pas, et il l'a fait.

⇒ Fais-le, c'est tout.

⇒ On ne se nourrit pas de « peut-être ».

Vous éprouvez un frémissement de révolte contre toute cette motivation, tout cet optimisme ? Excellent ! En revanche, si vous vous laissez envahir par la conviction que vous devriez en faire davantage, la plus grande prudence est de mise. De nombreuses recherches, ces dernières décennies, le prouvent : si l'oisiveté est la sœur de la liberté, comme l'affirme Aristote, la dépression est celle de l'efficacité à tout prix.

La course à l'inutile

Le personnage principal du film *Drei* [« Trois »] de Tom Tykwer (2010) illustre bien tout ce que doit présenter l'ordinaire d'un jeune cadre dynamique. Adam Born, chercheur spécialisé dans les cellules souches, est un type génial qui ne néglige rien de ce que l'on considère aujourd'hui comme une vie bien remplie. Ce brillant scientifique trouve, allez savoir comment, le temps de se livrer à toutes sortes d'activités plus cool les unes que les autres : chaque dimanche, il joue au foot avec des copains au Mauerpark de Berlin, et ils terminent la soirée autour d'un verre. Une fois par semaine, il fréquente le Badeschiff, la piscine branchée de Berlin, où il fait la connaissance de Simon, avec lequel il entame une liaison. Peu de temps auparavant, il a rencontré Hanna, la petite amie de Simon – au théâtre, bien sûr. Ce n'est pas tout : il chante dans une chorale et pratique régulièrement le judo. Et puis il fait de la moto et navigue sur la Baltique, sur son voilier personnel. Avec tout ça, il a encore le temps de profiter de ses amis et de multiplier les aventures avec des femmes et des hommes, parmi lesquels Simon, Hanna et son séduisant assistant. N'oublions pas qu'il s'occupe aussi occasionnellement de son fils et de son ex, et qu'il lui arrive même de rester tout seul dans son appartement super-hype de Berlin-Mitte. Malgré cet emploi du temps serré, son aventure avec Hanna se transforme en liaison amoureuse, et nous le voyons passer de longues soirées à écouter les plus grandes œuvres de la littérature mondiale lues par cette jeune femme ultra-cultivée et animatrice télé.

Visiblement, personne ou presque n'a relevé l'aspect hystérique du personnage ; en tout cas, aucun critique de films n'en fait état.

Mais comment est-il possible de voir dans ce prétendu portrait la vie typique d'un Berlinois ? Finalement, bien des gens s'imaginent qu'une réalisation personnelle aboutie doit ressembler à cela… Qu'ils essaient de mener une telle vie et ils constateront immédiatement que c'est impossible.

On dirait pourtant que la plupart des gens sont, de façon chronique, tellement en retard sur leurs propres exigences qu'ils ne se rendent même plus compte qu'il est complètement irréaliste de croire qu'une seule vie puisse suffire à toutes ces activités.

Il faut reconnaître que, depuis un certain temps, la réalisation de soi n'est plus un choix, mais un devoir.

La course au travail, aux amis, à l'amour, au sexe et à l'attention est impitoyable et il ne s'agit pas de s'endormir sur ses lauriers. Les relations humaines étant une question de bon vouloir, il faut que j'offre quelque chose aux autres si je veux en obtenir quelque chose en retour.

Pour devenir une belle personne, intéressante, originale et qui réussit dans la vie, vous ne pouvez évidemment pas vous contenter de perfectionner vos aptitudes : il faut également optimiser votre personnalité, votre âme et votre corps. Quel dommage que vous n'ayez pas entrepris votre programme de perfectionnement dès hier ! C'est qu'un sacré boulot vous attend…

Inscrivez-vous à un cours de communication pour développer votre esprit d'équipe et améliorer vos compétences rhétoriques. Apprenez une langue étrangère et initiez-vous à un nouveau logiciel informatique : vous aurez de meilleures chances de décrocher un emploi. Veillez cependant aussi à respecter une parfaite harmonie entre vie professionnelle et vie personnelle, condition *sine qua non* de la satisfaction et de l'équilibre. Fréquentez régulièrement une salle de gym.

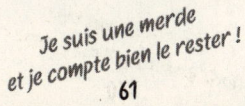
Je suis une merde
et je compte bien le rester !

Ne négligez pas le volet charnel de votre existence : si vous voulez vous imposer sur le marché des relations, débrouillez-vous pour devenir un partenaire sexuel irréprochable. Développez les aspects créatifs de votre personnalité ; faites de la peinture, dansez, écrivez. Car, pour séduire les autres, il est bon de multiplier vos centres d'intérêt.

Recherchez la compagnie, mais gardez du temps pour des activités qui vous font du bien : vous promener, par exemple, ou vous rendre à une exposition. Cultivez votre spiritualité, pour apporter à votre vie sens et profondeur. Ressourcez-vous grâce au yoga et au massage sonore. Il faut réapprendre à être à l'écoute de votre corps et de ses besoins, faute de quoi il se rappellera à votre attention par une grave maladie et vous pourrez faire une croix sur votre projet de vie.

Et si jamais quelque chose tourne mal, apprenez à lâcher prise. Je m'explique : lâcher prise, c'est l'art de trouver complètement insignifiante une cause ou une activité à laquelle on se consacrait encore de toutes ses forces et passionnément une seconde auparavant.

Nous préférerions évidemment avoir tout à la fois : la réussite professionnelle, beaucoup d'amis, un corps de rêve, une famille heureuse. [ ] Si nous voulons vraiment atteindre ce qu'il y a de mieux dans tous les domaines, il faut mobiliser notre temps et notre énergie de façon ciblée. Où en est votre équilibre vie professionnelle–vie personnelle ? Voici quelques trucs pour faire le point et vous améliorer.

Texte publicitaire du site www.akademie.de

Je suis une merde et je compte bien le rester !

Le problème, c'est qu'il est impossible de gagner la course à l'optimisation de soi. Dès que votre vie est devenue un projet, rien ne suffit jamais. D'autant qu'il faut franchir plusieurs lignes d'arrivée et que certaines se trouvent aux extrémités opposées de la piste. Il faudrait par exemple être à la fois ambitieux comme un sportif et zen comme un moine bouddhiste. Il y a même des gens qui pratiquent la méditation pour faire redémarrer les flux monétaires. Autre paradoxe : on devrait procéder à son autocritique tout en s'acceptant tel que l'on est. Pourtant, l'un exclut l'autre, pas besoin d'avoir fait Polytechnique pour s'en rendre compte. Même une alimentation parfaitement saine et une activité sportive intensive ne permettront à personne de rester éternellement jeune et sexy.

Croire que nous pourrons, moyennant de gros efforts, vaincre notre profond sentiment d'insuffisance est un leurre. C'est comme la course du lièvre et du hérisson du conte de Grimm : j'aurai beau arriver au bout du champ, mon complexe d'infériorité me criera perpétuellement « Je suis déjà ici » sous les traits du hérisson.

Erich Fromm constatait dès les années 1960 : « Tout individu fonde le sentiment de sa valeur personnelle sur sa réussite socio-économique. Son corps, son esprit et son âme constituent son capital, et sa mission dans la vie est de les investir avantageusement, de tirer profit de lui-même. »

Il n'est pas question d'agir « comme ça », ou parce que ça s'est présenté « comme ça » : tout doit répondre à une intention. Il faut tirer des leçons de chaque expérience, s'interroger sur le moindre sentiment. Tout ce qui nous arrive, tout ce que nous éprouvons et pensons doit être

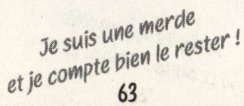

scrupuleusement examiné et exploité. Car le bonheur et le succès sont la preuve – comme le veut la nouvelle ancienne superstition – que nous appartenons aux élus.

La satisfaction est le nouveau symbole de statut.

Toute une industrie vit de cette superstition. Des spécialistes qui prétendent nous expliquer comment avoir davantage de répartie, comment devenir plus beau, être plus aimé, plus séduisant et plus heureux. Il n'existe pas un problème auquel quelqu'un n'ait déjà consacré de longues pages. Les auteurs nous expliquent que, à l'instant même où nous assumons la responsabilité de notre situation, nous avons fait le premier pas en direction du changement. Autrement dit : dès que nous renonçons à mettre notre malaise, notre insatisfaction et notre solitude sur le dos de notre famille, de nos amis et des circonstances, nous prenons notre vie en main. Le message prétendument positif est le suivant : nous pouvons nous améliorer, il suffit de le vouloir !

Lisez les propositions suivantes les unes après les autres sans trop réfléchir.

⇒ *Si vous n'avez pas de chéri(e), c'est parce que vous ne vous aimez pas assez.*

⇒ *Si vous êtes sans emploi depuis un moment, vous feriez bien de vous interroger sur votre conception de la réussite.*

⇒ *Toutes les possibilités vous sont offertes, à vous de les exploiter.*

⇒ *Vous êtes seul responsable de vos sentiments et de vos humeurs. Si vous décidez d'être heureux, personne ne peut vous en empêcher.*

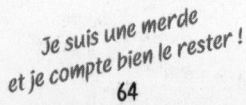

Je suis une merde et je compte bien le rester !

⇒ *Les sentiments négatifs attirent les expériences négatives. À l'inverse, les sentiments positifs vous apporteront des expériences positives.*

⇒ *Vous êtes seul à pouvoir vous aider.*

⇒ *Vous pouvez parfaitement changer, à condition d'être prêt au changement intérieur.*

⇒ *Les sentiments positifs sont bons pour la santé et entraînent le bonheur du corps. En revanche, les sentiments négatifs peuvent vous rendre malade (texte de présentation d'un best-seller).*

⇒ *Si on veut vraiment quelque chose, rien n'empêche de l'obtenir.*

⇒ *Chaque jour est un nouveau départ, chaque jour vous offre la possibilité d'en tirer le maximum.*

Cochez votre niveau actuel de bonheur sur l'échelle suivante.

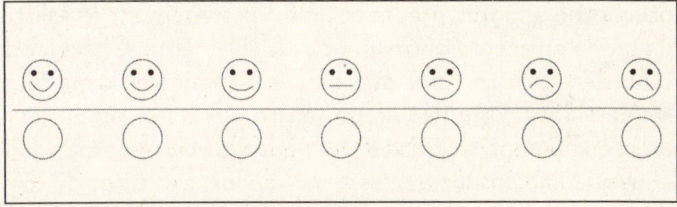

Ne vous en faites pas trop si la lecture de ces quelques idées reçues ne vous inspire ni joie ni bonheur ! Tout ce que les guides et manuels de coaching vous présentent comme des raisons d'espérer ne sont en réalité que d'excellents conseils pour vous plonger dans la dépression : nous sommes seuls responsables de notre découragement, de notre tristesse, de nos déceptions. Si nous ne trouvons pas de travail, pas d'amoureux qui nous convienne, si nous tombons malades, si nous sommes victimes d'un accident ou traités comme des chiens par l'administration, nous ne pouvons nous en prendre qu'à nous-mêmes.

Nous nous observons à la loupe avec angoisse. La moindre insatisfaction passe pour un échec personnel, toute expérience déplaisante est interprétée comme une faiblesse individuelle (pas étonnant que ça me soit arrivé, j'attire la poisse, c'est sûr...). Si quelqu'un nous envoie bouler alors que nous recherchons son approbation, nous lui donnons encore raison : je ferais bien de me demander quel rôle j'ai joué dans toute cette affaire ; au lieu de me défouler sur mes amis, je ferais mieux de commencer une psychothérapie, etc.

Le psychologue américain Martin Seligman va jusqu'à parler d'obsession de la valeur personnelle. « La littérature sur le développement personnel et une multitude de psychothérapeutes prêchent l'idéal parfaitement irréaliste d'une vie en accord permanent avec soi-même. Chacun est tenu de rapporter tout à sa valeur personnelle, dans tous les domaines. Une hausse de salaire, un échec amoureux, un licenciement, et même une nouvelle voiture... tout doit être examiné, évalué et classé par rapport à l'estime de soi : quel lien cet événement entretient-il avec moi, que dit-il sur moi ? Quiconque ne rayonne pas de contentement en permanence souffre d'un problème de dévalorisation et ferait bien de se demander ce qui, fondamentalement, ne va pas dans sa vie. »

Comme si tout sentiment négatif était une maladie qu'il faut soigner. Comme si tout écart par rapport à un état

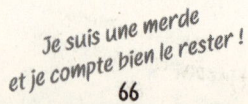

prétendument normal prouvait que l'on a fait fausse route à un moment ou à un autre.

La plupart des gens oublient que la vie n'est pas faite que de bonheur.
La satisfaction est un état que l'on ne peut pas toujours atteindre,
il existe mille raisons d'être insatisfait.
Moshe Feldenkrais

Avec une docilité empressée, nous assumons la responsabilité d'éléments sur lesquels nous n'exerçons aucune influence réelle, et nous nous efforçons de contrôler notre caractère, nos sentiments, nos relations, et même les événements imprévus qui déterminent notre existence, considérant comme un privilège à défendre de pouvoir nous adapter aux conditions du marché du travail et de notre réseau social.

Évidemment, nous le faisons avec le plus grand plaisir, parce qu'à nos yeux la vie n'est pas un fardeau mais un défi, et que nous voyons partout des chances et non des obstacles. Nous tirons les leçons de nos erreurs. Et si nous nous plantons, nous acceptons notre échec avec fair-play et nous nous relevons.

Se croire responsable de tout empêche de se révolter contre le système.

Pourtant, nous ne pouvons pas tous être des champions. Dans notre société industrielle, il n'est pas accordé à tout le monde de construire sa conscience de soi sur son rôle socio-économique. En fait, avec le développement de l'automatisation, une petite élite pourrait très bien faire fonctionner l'économie. Environ 30 % de la main-d'œuvre totale d'un pays industriel suffirait à assurer son maintien – c'est du moins ce qu'affirme le sociologue américain

Je suis une merde
et je compte bien le rester !

Richard Sennett dans *La Culture du nouveau capitalisme*. En conséquence de quoi, les 70 % restants doutent de leur utilité.

Nous avons beau faire semblant d'être merveilleusement dynamiques et remarquablement optimistes, nous craignons secrètement de faire partie des 70 % dont personne n'a besoin ; exactement comme le protestant qui redoute de faire partie des damnés. Nous mobilisons toutes nos forces pour combattre le « spectre de l'inutilité ». Nous prenons des coaches, nous suivons des thérapies pour acquérir des compétences en gestion des conflits, en créativité, en communication, autant de qualités apparemment indispensables depuis quelque temps à n'importe quel métier. Nous inscrivons nos enfants dans des écoles bilingues pour qu'ils soient solidement armés dans leur future lutte pour l'emploi. Quiconque pourrait en faire davantage et ne le fait pas a mauvaise conscience. Et quand on n'arrive plus à supporter toute cette pression, on craque.

La dépression est en passe de devenir une maladie endémique ; actuellement, près du tiers des prescriptions d'arrêt de travail est dû à des problèmes psychiques. L'Organisation mondiale de la Santé prévoit qu'en 2020 la dépression sera la deuxième maladie la plus fréquente à l'échelle planétaire, juste après les affections cardiovasculaires. Au Japon, le suicide et la dépression coûtent plusieurs milliards au pays. En 2010, plus de trente mille Japonais se sont donné la mort...

Voici comment le psychologue Erich Fromm expliquait, dès les années 1960, l'augmentation du nombre de suicides

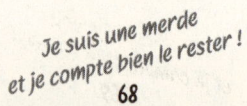

Je suis une merde et je compte bien le rester !

chez des individus qui, *a priori*, n'ont pas à se plaindre de leur sort : « Quand on considère essentiellement sa vie comme une sorte d'entreprise dans laquelle on doit investir ses capacités physiques et psychiques le plus judicieusement possible, on ne peut que conclure à son échec si le bilan est inférieur à la valeur espérée. On se suicide, exactement comme un homme d'affaires se déclare en faillite quand ses pertes sont supérieures à ses gains. »

La dépression n'est plus aujourd'hui un sujet tabou. Certains considèrent comme un progrès que les médias parlent ouvertement de cette maladie psychique. Il n'est cependant pas exclu que le nombre réel de dépressions ne soit pas en hausse, mais que les médecins posent plus fréquemment ce diagnostic, parce que notre société voit désormais d'un meilleur œil ceux qui souffrent de dépression que ceux qui avouent : « J'en ai ras le bol, je n'ai envie de rien, je suis paresseux, triste, irrité et pessimiste. »

Le diagnostic de *burn out* et/ou de dépression permet d'échapper provisoirement aux obligations écrasantes du développement personnel et du projet de vie. On a ainsi une bonne excuse pendant quelques mois : je ne demanderais pas mieux, mais je suis gravement malade ; il va de soi que je vais tout faire pour guérir au plus vite.

Être malade, c'est aussi avoir droit à un médicament : ça fait vingt ans que le Prozac se vend à la pelle. Il est devenu le remède à la mode depuis que Peter D. Kramer, un psychiatre américain, a fait un tabac avec son livre *Prozac : le bonheur sur ordonnance ?*. Selon lui, on pouvait enfin, grâce au médicament, exprimer sa vraie personnalité. Ce petit comprimé, disait-il, était bien plus qu'un antidépresseur, car il permettait de se dépasser encore.

La réalisation de soi que tout le monde attend de nous a ceci de perfide qu'il faut faire semblant de l'avoir personnellement choisie. Nous appliquons sans broncher les normes de la société, dont celle qui exige d'être quelqu'un de spécial et d'accomplir quelque chose de spécial. (Comment, sinon, faire partie des fameux 30 % ?) De toute évidence, le mode de vie « individuel » est jugé comme toute chose dans cette société, c'est-à-dire en fonction de son taux de réussite, autrement dit du succès avec lequel votre personnalité vous a permis d'accéder à un marché de niche et de gagner de l'argent. Selon quels autres critères pourrait-on évaluer un mode de vie ?

Personne ne nous demande, pas plus nous-mêmes que les autres, si nous avons vraiment envie de tout cela. Werner Katzenbrunner, un coach en développement personnel très connu en Allemagne, qui conseille de nombreux hommes politiques et des sportifs de haut niveau, a observé que la plupart des objectifs que nous nous fixons ne sont pas vraiment les nôtres : « Essayer de se conformer à des normes et à des attentes n'a rien à voir avec la liberté. Là où règnent des normes, il n'y a pas de libre arbitre. Passer son temps à essayer de s'adapter ne laisse plus le temps de vivre. »

Il estime que, pour devenir vraiment soi-même, il ne faut pas s'inscrire à un cours de découverte de soi, mais plutôt commencer par refuser toutes les exigences.

La plupart des gens sont convaincus que le bonheur se manifestera de lui-même dès qu'ils auront atteint les

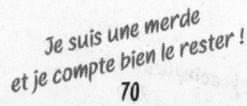
Je suis une merde
et je compte bien le rester !

objectifs reconnus par la société. Par exemple, le jour où ils seront minces et musclés. Ils se donnent un mal de chien pour y parvenir et constatent avec étonnement, une fois le résultat obtenu, que ce lien de cause à effet est finalement chimérique. Le bonheur est bien difficile à atteindre...

En réalité, l'obligation de réalisation de soi n'est autre que l'obligation d'agir comme la société l'attend de nous. Le malheur nous accable dès que nous pensons ne plus pouvoir être conformes à ses attentes. Et quand on est malheureux, la meilleure solution est de se retirer dans le désert. Effectivement, les longs séjours dans des régions désertiques permettent aux dépressifs de se détendre. Comme ils n'ont plus rien à améliorer, leur humeur devient moins sombre. Dans le désert, il n'y a pas de projet en suspens, personne à qui se comparer. Pas de pièces de théâtre ni de journaux ou de livres qu'il faut impérativement avoir vus ou lus. Le jour, la chaleur empêche toute activité ; la nuit, c'est le froid. Où que l'on porte les yeux, tout paraît immuable. Le temps et l'espace, ces paramètres permettant de mesurer le succès et les progrès personnels, se dissolvent.

Le soir qui a suivi notre rencontre avec les Bédouins au kibboutz Beït-Alpha, nous avons arrêté notre voiture, mon père et moi, au milieu du désert du Sinaï. La journée touchait à sa fin, et nous voulions admirer le coucher du soleil. Un Bédouin a surgi à l'horizon. Il était très loin de nous, et sa petite silhouette projetait une ombre allongée dans notre direction. Il avançait lentement vers le nord.

« C'est bizarre, où peut-il bien aller ? a demandé mon père.

– Comment ça ?

Je suis une merde et je compte bien le rester !

– Cet homme, là-bas. Que veut-il faire ailleurs qu'il ne puisse pas faire là-bas ? »

Répondez à ces questions, si ça vous dit :

Vaut-il mieux faire quelque chose d'intéressant ou regarder la télé ?

Oui

Pensez-vous que, dans la vie, on doit être heureux presque tout le temps ? Et que, sinon, c'est qu'on a tout raté ?

Oui

Pensez-vous qu'une existence vertueuse est récompensée, alors qu'une vie de patachon se paie un jour ou l'autre ?

Oui

Pensez-vous que vous devez chercher à accumuler les expériences ?

Oui

Vous arrive-t-il souvent de dire : « Je sais, c'est un de mes gros défauts » ?

Oui

Je suis une merde et je compte bien le rester !

Pensez-vous qu'il faut faire un travail sur soi pour accéder à la satisfaction ? Par exemple, suivre une psychothérapie ou participer à des séminaires ésotériques ?

Oui

3.
Vouloir toujours s'améliorer, c'est finir cinglé

Les trois pièges de l'optimisation personnelle

Qui n'a pas de mauvaises habitudes
n'a sans doute pas non plus de personnalité.
William Faulkner

C'est sa dernière cigarette, la toute dernière. Mais elle se fume si vite, la dernière cigarette... Un doute le saisit : est-ce vraiment malin d'arrêter de fumer comme ça, au milieu de la journée ? Ça n'a aucun sens, voyons ! Il est onze heures du matin. Par sa fenêtre du deuxième étage, il aperçoit le kiosque, il voit des passants s'arrêter et, après avoir échangé quelques mots avec le marchand invisible, tendre la main vers le guichet pour attraper des journaux, des chewing-gums ou des cigarettes. Des cigarettes...

Ce sera son dernier jour de fumeur. Il arrêtera ce soir, décide-t-il. Ce qui lui permettra d'aborder le lendemain avec l'innocence et la fraîcheur du non-fumeur.

Mon père descend dans la rue, il achète un paquet de cigarettes. Dès qu'il l'a en main, il tire le ruban de papier le long de la ligne perforée, soulève le petit couvercle de carton d'une pichenette de son index droit, et voilà que s'offrent à lui, soigneusement rangés, les rouleaux odorants, tout à la fois riches de promesses et sans prétention. Comment renoncer, se demande-t-il, à la divine sensation d'extraire la première cigarette du paquet virginal ? Mais à peine l'a-t-il fumée qu'il recommence à se tracasser. Tiendra-t-il jusqu'au soir avec un seul paquet ? Comme il a bien l'intention de profiter pleinement de sa dernière journée de fumeur, il ne lui faudra pas seulement des cigarettes pour accompagner son café et chacune de ses pauses de réflexion entre deux paragraphes du livre qu'il a l'intention de lire dans l'après-midi ; il lui en faudra aussi pour le dîner prévu avec un ami dans son restaurant préféré de l'Amalienstrasse. Sans oublier celles que l'on fume après le repas, avec un verre de vin rouge. Les effets de l'alcool se marient si bien avec ceux du tabac, le vin apaise l'esprit et permet de porter un regard plus tendre et plus tolérant sur la vie, tandis qu'une ou plusieurs cigarettes stimulent ces réflexions débonnaires et vous aident à les formuler en paroles pleines de clarté et de beauté.

Il en réservera quelques-unes aussi pour ces instants de la soirée où son ami et lui n'auront plus à se parler pour se comprendre. Existe-t-il heure plus délicieuse que celle où, assis en compagnie d'un bon copain, on suit du regard la fumée des cigarettes que l'on savoure ensemble et dont les volutes s'élèvent plus haut dans l'air nocturne qu'à la lumière du jour ?

Et une dernière, bien sûr, quand le serveur rangera les chaises sur les tables et donnera un coup de balai sur le trottoir. Une toute dernière, juste avant de se lever et de se dire au revoir dans une amitié muette, et puis l'on rentrera paisiblement chez soi, satisfait.

Pour être sûr que cette précieuse dernière cigarette de fin de soirée ne lui manquera pas, mon père redescend au kiosque et achète deux autres paquets : il ne va tout de même pas se priver aujourd'hui.

Les trois paquets ayant été fumés dans le courant de l'après-midi, il est bien obligé d'aller en chercher un quatrième avant de rejoindre son ami au restaurant. Le cinquième, il l'achète au serveur pour le trajet du retour, parce qu'il avait oublié le plaisir immuable qu'il éprouve à fumer dans le silence et la solitude, un plaisir plus grand encore qu'en compagnie. L'amertume du tabac et la légère contraction des poumons accompagnent mieux que tout autre stimulant la mélancolie qui naît après chaque rencontre avec un ami intime.

Il fume son ultime cigarette au lit. Un rituel plaisant qui lui manquera beaucoup quand il aura arrêté de fumer, demain matin.

Dans la nuit, mon père est malade. Le médecin qui vient le voir le lendemain diagnostique une intoxication aiguë à la nicotine.

Le malheur est qu'il reste quatre cigarettes dans le cinquième paquet. Ce serait trop bête de les jeter, songe mon père, debout dans la cuisine, en peignoir, alors qu'il s'apprête à déposer le paquet presque vide dans la poubelle. Après les milliers de cigarettes qu'il a déjà fumées dans sa vie, il peut aussi bien en ajouter quatre. Qu'est-ce que ça peut faire ? Ce seront ses quatre dernières cigarettes. Autant les griller

Je suis une merde et je compte bien le rester !

le plus rapidement possible (bien que le médecin lui ait strictement interdit de fumer), pour pouvoir ensuite tirer définitivement un trait sur ce chapitre de son existence. Et bien que, pour la première fois depuis fort longtemps, il n'en ait pas la moindre envie, il en allume une : la première de ses quatre dernières cigarettes...

Gros fumeur depuis plus de soixante ans, mon père le sait parfaitement, mais il refuse de l'admettre : l'enfer est pavé de bonnes intentions. Car notre volonté de tenir nos vices en échec ne fait que déchaîner leur puissance destructrice.

À peine commettons-nous l'erreur de décider de renoncer à telle ou telle mauvaise habitude pour la remplacer par une meilleure que nous nous heurtons à la plus farouche des résistances. Si, jusque-là, cette manie nous a parfois infligé quelques légères piqûres d'amour-propre, si, pendant de brefs instants qui n'ont pas été inintéressants par ailleurs, elle a compromis notre estime de soi et notre dignité en société, elle menace depuis que nous lui avons déclaré la guerre de nous pousser à bout. Notre vie se transforme en lutte contre nous-mêmes. Une lutte que nous ne pouvons pas gagner, car il faut bien qu'il y ait un perdant.

Tes défauts te détruiront psychiquement et physiquement avant d'être prêts à capituler.

Si, par exemple, vous avez déclaré la guerre à votre aversion pour le sport et décidé, à partir d'aujourd'hui, de prendre une douche froide tous les matins avant d'aller faire un jogging, vous vous sentirez certainement en pleine forme pendant les deux prochains jours et vous vous lancerez dans votre projet plein d'élan et d'idéalisme. Mais le troisième matin, à titre exceptionnel, bien sûr, vous partirez travailler sans avoir pris votre douche glacée et sans avoir couru. Après ce début de journée qui peut paraître tout à fait inoffensif, vous arriverez au bureau accablé de remords. Une ombre pèsera sur votre journée, vous aurez le plus grand mal à refouler ce qui n'est pas seulement un soupçon, mais une certitude : la douche chaude et le renoncement au jogging ne sont pas une exception. C'est le début de la fin de votre très brève existence d'individu dynamique, décidé à mener une vie saine.

Vous allez payer cher vos deux jours d'euphorie. Vous voilà condamné à passer le restant de votre vie avec le boulet de l'occasion manquée. Plus jamais vous ne pourrez vous adonner d'un cœur léger à vos activités matinales préférées. Vous éprouverez à jamais l'amertume d'être faible, sans volonté. Il est à peu près aussi difficile de bannir les bonnes résolutions de votre mémoire que d'effacer des traces de pas dans la neige. Le jour où vous décidez de mener une vie meilleure, plus saine, plus réussie, c'en est fini de votre innocence !

Le secret de l'innocence est de ne jamais prendre de bonnes résolutions.

Malheureusement, la plupart des gens croient être seuls dans ce cas. Ils se lamentent intérieurement sur leur échec, qu'ils attribuent à leur épouvantable manque de discipline. Pourtant, à peine se sont-ils remis de la défaite qu'ils se sont eux-mêmes infligée qu'ils sentent renaître l'espoir de parvenir un jour à triompher de leur Moi imparfait.

Ils recherchent l'impossible et luttent contre le principe antagoniste : des forces opposées qui entretiennent un

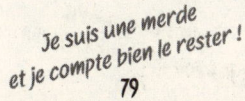

équilibre particulier et très sensible agissent en effet en chacun d'entre nous. Renforcer une impulsion, « Je ne veux plus fumer », par exemple, c'est provoquer l'intervention immédiate de son contraire : « Il me faut une cigarette, et tout de suite. » Le principe antagoniste est à l'œuvre constamment et partout, et aucune force de volonté ne peut en venir à bout. Autrement dit : tout ce que je réprime obstinément s'imprime encore plus profondément dans ma conscience. En général, il suffit de chercher à éviter de penser à quelque chose pour que ça vous trotte dans la tête. Quand on prétend déplacer l'équilibre des forces exagérément dans un sens, il faut s'attendre, par un jeu de bascule, à se prendre le côté opposé en pleine poire.

Faites l'essai. Cherchez, par la seule force de votre esprit, à modifier votre humeur du moment. Dites-vous qu'il faut que vous soyez plus heureux, là, maintenant, tout de suite, et observez attentivement ce qui se passe en vous. Vous pouvez aussi essayer de développer votre narcissisme, si vous ne l'avez encore jamais fait. Regardez-vous dans un miroir en vous disant tout haut : « Je suis beau, je m'aime tel que je suis, j'ai mérité ce qu'il y a de mieux au monde. » Ne soyez pas surpris si les larmes vous montent aux yeux et que vous vous effondrez en sanglotant dans votre salle de bains.

Rien ne vous plonge plus vite et plus sûrement dans le malheur que de vouloir être plus heureux.

Ou peut-être avez-vous envie de mieux apprécier les choses les plus simples ? Rien de plus facile. La prochaine fois que vous vous promènerez ou que vous serez en route pour le supermarché, arrêtez-vous devant une plate-bande.

Je suis une merde et je compte bien le rester !

Choisissez une fleur et observez-la le plus attentivement possible. Absorbez tout : ses tendres pétales, ses couleurs vives, son parfum grisant. Prenez plaisir à enregistrer tous ces détails, jusqu'au moment où – il ne vous faudra certainement pas plus de quelques minutes – vous éprouverez les premiers symptômes de mauvaise humeur et de dépression.

Ne vous étonnez pas, et ne croyez pas que ça prouve que vous ne tournez pas rond. Personne n'est capable de vaincre le principe antagoniste aussi rapidement.

⇒ Jamais on n'a eu moins envie de se remuer que le jour où on s'est fixé un programme de fitness rigoureux.

⇒ Gâteau, saucisson et crème glacée paraissent plus délectables que jamais quand on a décidé d'y renoncer.

⇒ On est pris d'une étrange fatigue peu après avoir juré de se donner enfin un coup de pied dans le derrière pour progresser dans sa carrière ou trouver un nouvel emploi.

⇒ Il suffit d'avoir décidé d'être un parangon de fidélité pour que soudain les rues grouillent de femmes et d'hommes plus désirables les uns que les autres.

⇒ Jamais on n'a eu plus envie de tendre la main vers le téléphone qu'après avoir décidé d'arrêter de l'appeler à tout bout de champ.

⇒ Si vous voulez vous sentir vraiment lamentable et minable, prenez la résolution de vous aimer davantage.

⇒ On se sent rarement aussi seul qu'après avoir décidé de suivre un programme de développement personnel pour apprendre à vivre seul.

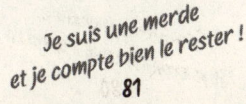
Je suis une merde et je compte bien le rester !

⇒ Jamais les autres ne vous paraissent aussi envieux et malveillants que lorsqu'on a décidé d'adopter une attitude positive à l'égard d'autrui.

Il y a pourtant des millions d'individus qui croient possible de se débarrasser, du jour au lendemain et définitivement, de ce qu'ils détestent en eux, de leur irrésolution, de leur paresse, de leur apathie, de leur irascibilité ou de leur dépendance au chocolat, à la télévision ou à l'alcool, à condition de faire suffisamment d'efforts et de se prendre en main.

Les bons samaritains sont déjà à l'affût. Ils proposent leur aide sous forme de livres et de séminaires à tous ceux qui sont en quête d'une personnalité plus sportive, plus mince, plus dynamique, plus couronnée de succès, plus positive ou plus travailleuse. Ils leur assurent que rien ne les empêche de progresser, en principe. Il suffit qu'ils changent d'attitude et fassent preuve de persévérance.

La lutte contre nos défauts et nos vices est l'entreprise dans laquelle nous investissons le plus de temps, de force et d'argent. Même si, au fil des ans, nous ne nous rapprochons pas d'un iota de notre objectif, nous ne remettons jamais notre projet en question. Triompher de faiblesses excusables ou de sentiments tout à fait normaux peut devenir une obsession qui monopolisera toutes nos réflexions et consommera une énergie folle.

Nous nous reprochons le peu de succès, voire l'échec pur et simple, de nos tentatives pour mieux faire. Après tout, nous avons appris à assumer la responsabilité de nos défaillances, comme le disent si joliment les manuels de coaching. Mais agir ainsi, c'est ignorer le fruit de nos expériences, celles qui nous ont prouvé que les gens de notre entourage,

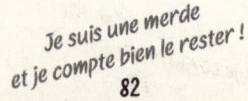

qui s'efforcent le plus assidûment de travailler sur leur personnalité et sur leur vie affective, sont aussi les plus insatisfaits d'eux-mêmes.

Il nous en faudrait davantage pour nous décourager. Nous nous disons que nous n'avons pas encore trouvé la bonne méthode, c'est tout – et nous continuons à rechercher le gourou qui saura nous aider à nous optimiser, l'ultime révélation divulguée par un livre, un cours ou un séminaire.

Le malheur de l'homme est sa capacité prodigieuse de croire en l'impossible.

H.L. Mencken

Il n'existe qu'un moyen d'échapper au conflit de forces qui se déchaîne en nous. Il est simple et d'une efficacité infaillible. Le principe antagoniste s'annule dès que notre marge de manœuvre est si réduite qu'il ne nous reste qu'une possibilité d'action.

Autrement dit : quand il n'y a pas de cigarettes là où je suis, je ne peux pas fumer. Ou bien : mon médecin m'a prévenu que je risque ma vie si je continue à fumer autant, et ma peur de mourir est plus forte que mon envie de fumer.

Bien des gens en surpoids rêvent peut-être d'être victimes d'un enlèvement dans un pays politiquement instable et d'être obligés de crapahuter dans la jungle pendant plusieurs semaines en ne se nourrissant que de galettes de céréales avant de pouvoir rentrer chez eux après une spectaculaire opération de libération, merveilleusement amincis. Bien plus efficace que de longues années d'adhésion aux Weight Watchers et d'inscription à des cours de gym, de régimes interrompus et de sempiternelle mauvaise conscience !

Dans le film *Fight Club* (États-Unis, 1996), Brad Pitt jouait le rôle d'un employé de l'industrie automobile qui souffre d'un dédoublement de la personnalité. Son deuxième Moi, qui s'appelle Tyler Durden, fait tout ce que cet employé un peu terne n'oserait jamais faire : il se bagarre, multiplie les liaisons, fonde le Fight Club, dont les membres masculins, triés sur le volet, se poussent mutuellement jusqu'à leurs limites physiques et psychiques et, pour couronner le tout, fomente un complot contre le système bancaire américain. Un après-midi, dans la peau de Tyler Durden, l'employé se rend dans une station-service et demande au pompiste chinois quel est son vrai but dans la vie. Lorsque le pompiste avoue qu'il aurait voulu faire des études de médecine, Tyler sort une arme, la pose sur la tempe du Chinois et lui dit : « Si je repasse ici la semaine prochaine et que tu ne me montres pas ta fiche d'inscription à la fac de médecine, je te flingue. »

Comme il est malheureusement rare que la vie vous offre une motivation aussi éloquente et convaincante, on prend son développement personnel en main ; mais il faut être conscient que ce n'est pas une entreprise sans risque et qu'elle peut laisser quelques blessures à une âme sensible.

Les pièges de l'optimisation personnelle

Il faut évidemment distinguer les projets d'optimisation personnelle en fonction de leur envergure. À première vue, décider d'arrêter de fumer ou prétendre devenir un être équilibré ne sont pas des profits de même nature. On n'a pas de mal à définir le premier projet : l'objectif est clair, les

Je suis une merde et je compte bien le rester !

mesures à prendre résultent de l'énoncé de la tâche (ne plus glisser de cigarette entre ses lèvres pour l'allumer).

En revanche, l'aspiration à atteindre un meilleur équilibre est un processus plus difficile à cerner. L'énoncé du but et les mesures à prendre sont obscurs, il sera difficile de préciser à quel moment l'objectif est atteint et ce qu'il faut faire pour y parvenir.

L'affaire se corse encore quand l'intervention de tiers ou de circonstances extérieures joue un rôle dans cette entreprise d'optimisation personnelle. Si vous aspirez à trouver un emploi offrant des possibilités d'avancement et un meilleur salaire, si vous souhaitez avoir un partenaire plus aimant ou être plus respecté par vos amis et votre famille, vous pouvez évidemment faire quelque chose pour arriver à vos fins. Mais les efforts accomplis et le résultat souhaité ne sont pas toujours en corrélation directe.

En définitive, peu importe la complexité de l'entreprise d'amélioration de soi à laquelle nous nous attaquons : tout projet, si simple soit-il initialement, devra obligatoirement suivre chaque étape de la spirale de l'optimisation personnelle. En effet, toutes les bonnes résolutions ont tendance à passer à une étape plus complexe, pour peu que la réussite ne soit pas immédiatement au rendez-vous.

La décision de renoncer à la cigarette en offre une bonne illustration. Vous avez décidé d'arrêter de fumer. Peu importe que vous choisissiez la méthode radicale ou que vous préfériez diminuer progressivement votre consommation. Dès que vous avez entrepris de concrétiser votre projet, le principe antagoniste se dresse devant vous : vous découvrez soudain à quel point vous aimez fumer, le plaisir, la détente

Je suis une merde et je compte bien le rester !

et le réconfort que les cigarettes vous offrent du matin au soir. (Voilà pourquoi, en 1988, la marque de cigarettes Rt a choisi pour slogan publicitaire « J'aime fumer », une formule qui renforce très efficacement l'adversaire du non-fumeur qui est en vous.)

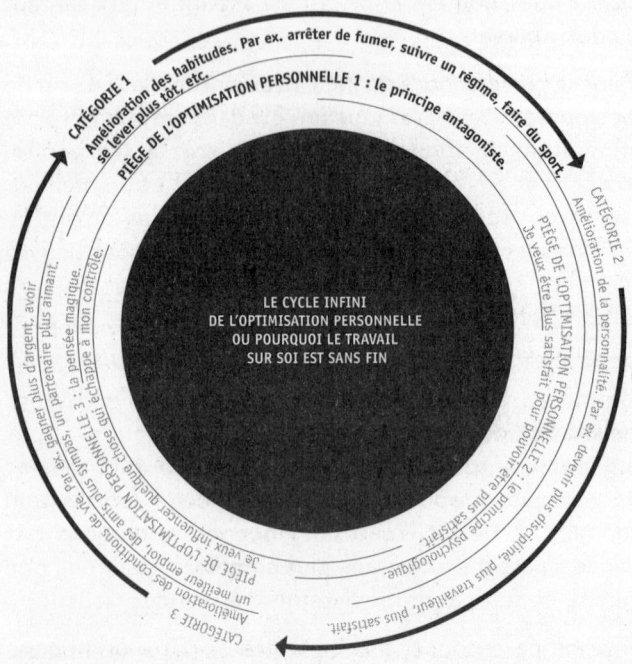

Les tentatives d'amélioration de la catégorie 1 se transforment tôt ou tard en question de personnalité – voir catégorie 2. Quand on cherche à améliorer ses conditions de vie – voir catégorie 3 –, on prend rapidement conscience de tous les obstacles qui se dressent devant soi. Et voilà que le projet se divise de plus belle en différentes tâches des catégories 1 et 2.

Je suis une merde et je compte bien le rester !

Vous êtes incapable de supporter les restrictions que vous vous êtes imposées et vous attribuez vos revers à votre indiscipline et à votre manque de persévérance.

Vous éprouvez un immense soulagement le jour où vous trouvez une brochure gratuite à la pharmacie dans laquelle vous lisez que les chercheurs ont prouvé que le potentiel d'addiction de la nicotine est nettement supérieur à toutes les hypothèses antérieures. Vous êtes donc moins faible que vous ne le pensiez, vous aviez simplement mal évalué le problème. Sur les recommandations de la brochure, vous achetez des patchs de nicotine. Près de 72 % des utilisateurs réussissent à arrêter de fumer, annonce la notice. Vous vous collez des patchs partout – et vous continuez à fumer. La preuve est faite : vous faites partie des 28 % de lâches.

> *Arrêter de fumer est un jeu d'enfant.*
> *Je l'ai fait une bonne centaine de fois.*
> Mark Twain

À cette étape, le projet « arrêter de fumer » est depuis belle lurette passé à l'échelon supérieur. Réussite et échec sont devenus une question de personnalité. Votre honneur est en jeu !

Ça fait un bon moment que vous souffrez de vos imperfections quand une idée de génie vous traverse l'esprit : alors que vous étiez convaincu que votre insatisfaction était due à votre incapacité de cesser de fumer, vous comprenez subitement que, si vous ne réussissez pas à arrêter de fumer, c'est parce que vous êtes insatisfait : chaque fois que vous éprouvez un sentiment de vide intérieur, chaque fois que vous êtes nerveux, vous en grillez une. La cigarette est votre doudou, elle n'est pas la cause de vos problèmes, elle n'en est que le symptôme.

Cette prise de conscience vous fait miroiter de nouvelles possibilités de lutte contre votre dépendance à la nicotine. Il suffit de vous attaquer à la racine du mal et le problème de tabagie se résoudra de lui-même. Vous ne vous doutez pas encore que cette approche ne fait qu'aggraver le problème.

Si dans la catégorie 1 de l'optimisation personnelle vous avez eu à lutter contre le principe antagoniste, votre entreprise d'optimisation personnelle de catégorie 2 – en l'occurrence, la lutte contre votre insatisfaction – vous tend un nouveau piège : celui du paradoxe psychologique.

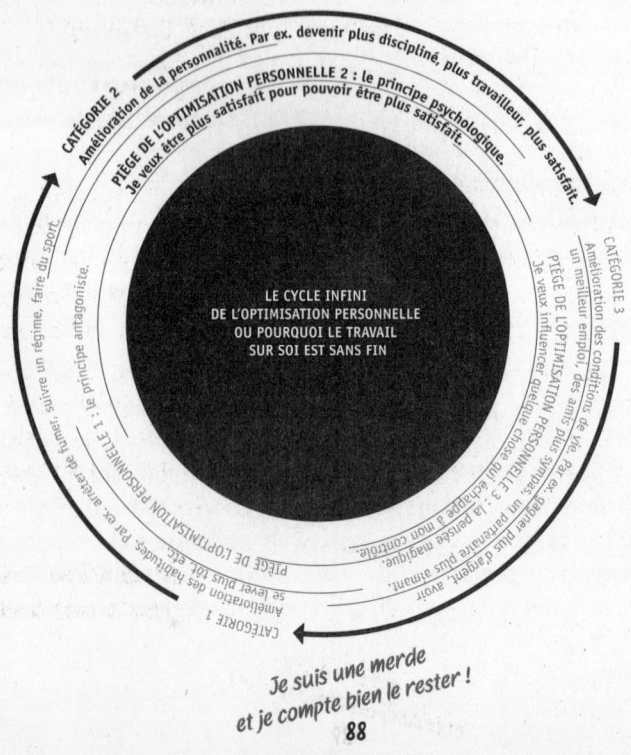

Tout le monde connaît le plus célèbre de tous les paradoxes : « Sois spontané. » Une telle exhortation ne peut que tuer toute spontanéité dans l'œuf. Quoi que l'on fasse, qu'il s'agisse de suivre cet ordre ou de s'y dérober, tout se rapporte désormais à cette exigence. Voilà pourquoi un homme dont la femme se plaint qu'il ne lui offre jamais de fleurs fera bien d'éviter de se précipiter chez le fleuriste du coin pour lui en acheter. Ce que sa femme veut, bien sûr, c'est qu'il ait lui-même l'idée, spontanément, de lui en faire la surprise. Le bouquet offert sur demande ne présente aucun intérêt pour elle.

Autre exemple de paradoxe psychologique : « Détends-toi. » En effet, se détendre implique précisément de renoncer à tout effort et à tout objectif. Quant à « arrête de me contrarier tout le temps », c'est une directive tout aussi irréalisable que les deux précédentes.

Il n'est pas moins paradoxal de s'efforcer d'être satisfait, car cet effort naît évidemment d'une insatisfaction à l'égard de soi-même. Il en va de même de tous les autres traits de caractère : si vous devez faire un effort sur vous-même pour être discipliné, c'est que vous ne l'êtes pas. Un défaut contre lequel on est obligé de lutter quotidiennement exerce tout autant d'emprise sur nous qu'un défaut qu'on laisse s'exprimer librement. Voire davantage, sans doute. Bref : plus je fais d'efforts pour m'améliorer, plus je suis convaincu qu'il n'est pas question de rester comme je suis.

Pour vouloir s'améliorer,
il faut en avoir besoin.

Je suis une merde
et je compte bien le rester !

Il est grand temps de poser une question décisive : dans quel but faisons-nous tout cela, pourquoi nous infligeons-nous un tel traitement ? Ce qui nous conduit tout droit aux tentatives d'optimisation personnelle de la catégorie 3.

Si on désire être plus satisfait (catégorie 2), c'est peut-être dans l'espoir d'avoir plus d'amis ou, pourquoi pas, de trouver le grand amour – autant d'objectifs qui appartiennent à la catégorie 3. Qui ne souhaite pas trouver un partenaire merveilleux qui vous aimera parce qu'enfin vous vous aimerez vous-même – tel que vous êtes ? (Non, pas tel que vous êtes, là, maintenant, évidemment, mais tel que vous serez bientôt, dès que, en vous aimant vous-même, vous serez devenu digne d'être aimé – voir le piège de la catégorie 2, « paradoxe psychologique ».)

Avoir des amants extra et plein d'amis, être célèbre et plus riche, avoir un corps de rêve et une santé de fer – tous ces vœux sont parfaitement compréhensibles, mais nous n'en contrôlons pas toujours la réalisation. Devenir champion, ministre des Affaires étrangères, millionnaire et/ou reine de beauté dépend en effet de multiples facteurs. C'est d'une telle évidence que cela se passe d'explications. La nature des choses veut que plus nos rêves sont audacieux, plus ils échappent à notre sphère d'influence. Il ne manquera sans doute pas de gens pour nous assurer que nous réussirons à contrôler des circonstances incontrôlables. Une promesse qui permet à certains d'empocher des milliards, les bénéficiaires de ce succès financier prétendant prouver ainsi l'efficacité de leur méthode : un tour de passe-passe un peu facile.

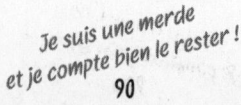

Je suis une merde et je compte bien le rester !

L'une de ces méthodes, baptisée « pensée positive », propose la thèse suivante : pour qu'une envie prenne corps dans la réalité, il faut se la représenter par la pensée ; pour que mes représentations se réalisent, il suffit donc que j'y pense avec suffisamment de force. Si ça ne marche pas, ça voudra dire que ma représentation n'était pas assez solide.

C'est le troisième piège de l'optimisation personnelle : la pensée magique, dont l'incarnation la plus célèbre est la pensée positive.

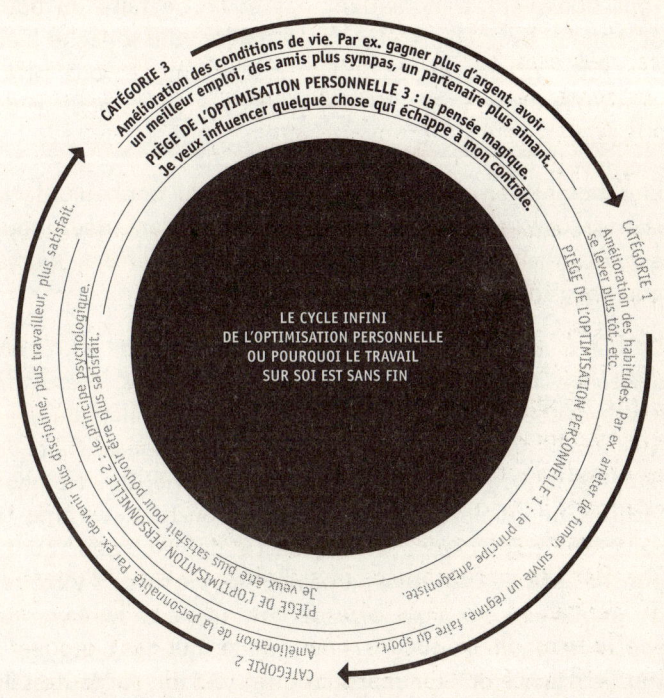

CATÉGORIE 3
Amélioration des conditions de vie. Par ex. gagner plus d'argent, avoir un meilleur emploi, des amis plus sympas, un partenaire plus aimant.
PIÈGE DE L'OPTIMISATION PERSONNELLE 3 : la pensée magique.
Je veux influencer quelque chose qui échappe à mon contrôle.

CATÉGORIE 1
Amélioration des habitudes. Par ex. arrêter de fumer, se lever plus tôt, etc.
PIÈGE DE L'OPTIMISATION PERSONNELLE 1 : le principe antagoniste.
suivre un régime, faire du sport,

CATÉGORIE 2
Amélioration de la personnalité. Par ex. devenir plus discipliné, plus travailleur, plus satisfait.
PIÈGE DE L'OPTIMISATION PERSONNELLE 2 : le principe psychologique.
Je veux être plus satisfait pour pouvoir être plus satisfait.

LE CYCLE INFINI
DE L'OPTIMISATION PERSONNELLE
OU POURQUOI LE TRAVAIL
SUR SOI EST SANS FIN

*Je suis une merde
et je compte bien le rester !*

La pensée magique fonctionne comme les chaînes de lettres :
les premiers participants s'enrichissent, les autres casquent.

La pensée positive donne l'impression de pouvoir se téléporter dans un univers parallèle invisible, inaccessible au commun des mortels. Admettons que vous soyez une femme hétérosexuelle : il vous suffit d'imaginer un super-beau-gosse-intelligent-et-plein-aux-as pour le rencontrer bientôt. C'est évidemment génial, parce que, jusqu'à présent, la plupart des types qui ont croisé votre route ne vous donnaient franchement pas envie de faire un bout de chemin avec eux. Cette triste réalité vous a gâché bien des fêtes et des dîners, mais heureusement vous savez aujourd'hui comment changer tout ça – par le pouvoir de l'imagination.

Des boulots en or, du fric à la pelle, du bonheur, de la chance, une santé de fer ou des guérisons spontanées : tout est désormais à notre portée, sans le moindre effort, pourvu que nous adoptions la pensée positive.

Le fait que des livres comme *Sept lois pour que vos désirs deviennent réalité* ou *Vos possibilités sont infinies, vivez enfin vos rêves* se vendent comme des petits pains, alors que des millions de gens sont encore au chômage ou insatisfaits de leur métier, de leur conjoint ou de leur vie, devrait nous inspirer un minimum de méfiance. Pourtant, comme le calviniste, nous espérons faire partie des élus pour qui la pensée positive marchera parce qu'ils ont la force d'y croire. Et les autres, ceux à qui le destin continue à en faire voir de toutes les couleurs malgré la lecture de tous ces bouquins ? Inutile d'avoir pitié d'eux, parce que c'est de leur faute s'ils cèdent à leurs pensées et à leurs sentiments négatifs.

Toutes les couches de la population ayant désormais été contaminées par la pensée magique, il faut bien réfléchir avant de confier ses frustrations, ses angoisses et ses colères à quelqu'un : si vous avez le malheur de donner libre cours à vos craintes existentielles parce que dans le quartier branché où vous vivez les loyers ne cessent de monter alors que les offres d'emploi et les salaires diminuent, attendez-vous à ce que même d'excellents amis vous disent qu'ils n'ont « aucune envie d'écouter ces jérémiades » et que vous feriez mieux de « positiver ». Et ils se transformeront définitivement en ennemis si vous refusez leur proposition de vous inscrire à une séance à 250 euros chez une guérisseuse qui vous apprendra comment faire couler l'argent à flots. N'allez surtout pas leur expliquer que l'idée de dépenser 250 euros chez une guérisseuse magique, alors que vous ne savez même pas comment payer votre prochain loyer, vous donne des boutons : si vous n'êtes pas capable d'investir 250 euros pour régler vos problèmes, vous n'avez à vous en prendre qu'à vous-même et vous ne méritez même pas de vous en sortir.

À propos, saviez-vous qu'essayer de contrôler ses pensées peut rendre fou ? Ou, dans le meilleur des cas, malheureux et pauvre ?

La journaliste américaine Barbara Ehrenreich a consacré aux conséquences négatives de la pensée positive un ouvrage qu'elle a intitulé *Smile or Die* [« Sourire ou mourir »]. Elle explique, en s'appuyant sur l'exemple du cancer du sein, comment des milliers de femmes essaient de vaincre cette maladie souvent fatale par la pensée positive. Comme si leur sort n'était pas déjà assez douloureux, elles aggravent leurs souffrances en s'en rendant responsables. Elles se plaignent sur les forums Internet d'être incapables de réduire par la force de leur pensée la tumeur qui se développe dans leur poitrine, ou les métastases qui envahissent leurs poumons. Mais comment diable voulez-vous, quand on a peur de mourir, avoir des idées lumineuses et pleines d'espoir ? C'est évidemment impossible. S'y efforcer, c'est se condamner à être encore plus désespéré que l'on ne l'est déjà.

Une expérience très simple permettra de vous convaincre que les tentatives de pensée positive ont les effets inverses de ce que l'on en attend :

Joanne Wood, de l'université de Waterloo, au Canada, a observé que, chez les sujets dotés d'une image de soi plutôt médiocre, le seul énoncé de phrases à connotations positives suffit à nuire de façon mesurable à leur humeur, à leur optimisme et à leur faculté d'action.

Vous n'arrivez même pas à avoir de pensées positives ?
Vous êtes vraiment nul !

Avoir des pensées positives, c'est comme chercher à ne pas penser à l'éléphant rose pour se reprocher ensuite d'y penser tout de même. Ce qui est idiot, c'est que, une fois que l'on a l'éléphant en tête, il a du mal à en sortir. Il ne vous reste plus qu'à vous convaincre que c'est à cause de l'éléphant rose qui s'est installé dans votre tête que vous vous êtes cassé le pied il y a quelques semaines, que vous n'avez toujours pas trouvé le ou la chéri(e) de vos rêves et que vous ne gagnez pas autant d'argent que vous le voudriez. Le jour où vous y serez arrivé, vous serez devenu un pro de la pensée positive.

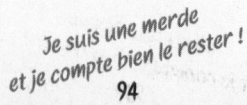

Je suis une merde
et je compte bien le rester !

L'échec est donc programmé d'avance aux trois étapes de l'entreprise d'optimisation de soi. Celle-ci débouche souvent sur la tentative d'obtenir le progrès souhaité miraculeusement, par des pratiques magiques.

Alors que l'on est encore en pleine troisième phase et que l'on s'efforce d'attirer le bonheur par la seule force de ses pensées, la spirale du développement personnel recommence du début et se déroule désormais en parallèle.

Car, évidemment, personne n'est assez naïf pour croire qu'il suffit de se représenter mentalement le boulot idéal pour le décrocher effectivement – sans même présenter sa candidature. Ou que, à la suite d'un gros effort d'imagination, l'homme ou la femme idéal(e) arrivera à tire-d'aile pour se poser à vos côtés. Aussi décompose-t-on ce vaste objectif (trouver le mec de ses rêves, par exemple) en étapes plus modestes : perdre du poids, faire du sport, être moins timide, passer moins de soirées devant la télé et sortir un peu plus, etc., et on se retrouve pile-poil au point de départ de son programme d'optimisation de soi !

L'écrivain italien Italo Svevo, fin connaisseur des pirouettes absurdes que l'on peut effectuer en cherchant à s'améliorer, a constaté que l'on ne traverse pas la vie en marchant, mais en trébuchant. La trajectoire rectiligne que l'on suivrait, droit dans ses bottes, la conscience pure et dans une dignité muette, n'existe pas. Ou pour très peu d'individus seulement.

La vie « ne supporte aucun traitement ». Italo Svevo a placé cette phrase dans la bouche de son célèbre héros, Zeno Cosini. Ce marchand de Trieste qui lutte toute sa vie contre son addiction à la nicotine présente à cet égard bien des

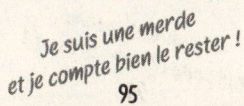

Je suis une merde
et je compte bien le rester !

points communs avec mon père. Et comme lui, Zeno n'arrive évidemment pas à arrêter de fumer. Mais, à l'issue d'une vie pleine de revers et de doutes, Zeno Cosini a découvert une chose : « La vie ressemble un peu à la maladie : elle aussi procède par crises et par dépressions. À la différence des autres maladies, la vie est toujours mortelle. »

Répondez à ces questions,
si ça vous dit :

Chaque fois que vous terminez une bouteille de vin, vous reprochez-vous votre faiblesse ?

Oui

Pensez-vous que les autres sont plus disciplinés et plus optimistes que vous ?

Oui

Avez-vous lu un ou plusieurs livres faisant l'éloge de la pensée positive ?

Oui

Avez-vous l'impression que la lecture de ce genre de livres a apporté un changement décisif à votre vie ?

Oui

Avez-vous l'impression que la pensée positive n'est inefficace que pour vous ?

Oui

Parlez-vous aux autres de votre incapacité à adopter la pensée positive ?

Oui

Vous arrive-t-il d'avoir envie de vous retirer sur une île déserte ou dans la solitude d'un couvent, quelque part où vous seriez débarrassé, par la force des choses, de toute mauvaise habitude et de toute tentation ?

Oui

Si vous tentez d'énumérer les éléments essentiels que vous aimeriez changer chez vous, vous faut-il plus que les doigts d'une main ?

Oui

4.
Les minces baisent plus...

Et autres mensonges sur l'utilité des régimes, du sport et des programmes de développement personnel

*Je me suis mis au régime,
j'ai arrêté de boire et de fumer,
et en quatorze jours j'ai perdu exactement deux semaines.*

Joe E. Lewis

S'il est impossible de se transformer de A à Z, un minimum de discipline vous permettra tout de même d'obtenir des résultats, vous diront certains défenseurs invétérés de l'optimisation personnelle. C'est vrai. Même si on n'aime pas le sport, on peut s'obliger à avoir une activité sportive pendant un moment, voire plus longtemps. Avec un peu de volonté, on peut réussir à se débarrasser de certaines mauvaises habitudes. On peut se soumettre à un emploi du temps draconien et noter tous les soirs dans un carnet si on a atteint les objectifs que l'on s'était fixés, comme le font les adeptes de Gustav Grossmann, psychologue bavarois et pionnier des études sur le bonheur. Certains se rassemblent pour perdre du poids et/ou arrêter collectivement de boire ou de fumer.

Admettons que nous ayons tenu nos bonnes résolutions et obtenu les progrès recherchés. Il est grand temps de nous poser une question essentielle : ces progrès exercent-ils vraiment les effets escomptés sur notre santé et notre vie ? Vivons-nous plus longtemps en mangeant sainement ? Sommes-nous plus séduisants, plus désirables, en étant plus minces ? Sommes-nous plus satisfaits ? Avant de nous imposer renoncements et tortures, il peut être utile de vérifier – lucidement et sans préjugés – si ces efforts sont vraiment justifiés.

Pour pouvoir mesurer correctement la valeur des nombreuses idées reçues qui circulent autour de nous, sur Internet et dans la presse, il faut commencer par comprendre comment s'obtiennent les résultats de recherche : les spécialistes étudient le rapport entre deux facteurs, par exemple la « consommation de légumes » et la « fréquence de l'infarctus », pour établir des corrélations. Ils comparent ensuite ces résultats avec ceux d'un groupe de contrôle. Peut-être réussiront-ils à démontrer que ceux qui mangent beaucoup de légumes font moins souvent des infarctus. Mais qu'est-ce que ça m'apprend, à moi ? Et qu'est-ce que ça a à voir avec ma vie ?

En prime, un petit cours de statistiques

Les auteurs d'une étude publiée dans le *Journal of the American Medical Association* (2011) ont prétendu avoir découvert que regarder beaucoup la télévision réduit l'espérance de vie. Statistiquement, rester assis devant le petit écran six heures ou plus par jour, ont-ils écrit dans le *British Journal of Sports*, abrège la durée de vie de dix-sept minutes par heure passée devant la télé. À titre de comparaison, fumer une cigarette réduit statistiquement cette même durée de vie de onze minutes.

Pour réaliser cette étude, les chercheurs ont constitué un panel de sujets – qui regardent beaucoup la télévision – et ont établi une corrélation entre cette habitude et leur espérance de vie. Ils ont ensuite comparé ce résultat avec celui d'un groupe témoin, composé de gens qui ne passent pas leur journée devant la télé, mais exercent un emploi, font leurs courses, vont chercher leurs enfants à l'école, préparent les repas, dansent, prennent des bains et rendent visite à leurs amis.

Commentant les résultats de cette étude, le médecin Thomas Georg Schätzler a fait remarquer pertinemment, le 16 août 2011, sur le site de la revue médicale allemande www.aerztezeitung.de, que la cause et l'effet ont été inversés. Ce sont en majorité les gens gravement malades et alités qui passent leur temps devant le petit écran, précisément en raison de leur immobilité forcée. Ce n'est pas la télé qui abrège leur vie ; en revanche, la maladie qui réduit leur espérance de vie est responsable de leur téléphagie. Le docteur Thomas Georg Schätzler écrit : « Nos patients ne meurent pas *parce qu'*ils regardent la télévision, mais *pendant* que la télévision est allumée ! »

La même question se pose à propos des prétendus bienfaits du sport. N'y a-t-il pas, là aussi, confusion entre cause et effet ? D'autant plus qu'il faut bien convenir que la plupart des études ne tiennent pas compte des nombreuses caractéristiques qui distinguent sportifs et non-sportifs. Perikles Simon, médecin et spécialiste de biologie moléculaire à l'université Johannes Gutenberg de Mayence, fait observer que les recherches de ce genre ne permettent pas de conclure que l'espérance de vie de ceux qui se mettent au sport pour raisons de santé augmente dans les mêmes proportions que celles que l'on observe chez les sportifs qui ont toujours fait du sport par goût. Toute une série d'indices montrent en effet que le sport pratiqué sans plaisir et à contrecœur dans le seul objectif d'améliorer son état de santé entraîne rarement les résultats souhaités. Or, les statistiques n'en tiennent pas compte. Pas davantage, au demeurant, que du nombre de cas où le sport risque au contraire d'abréger la vie en raison d'un accident ou d'un entraînement excessif. Appeler l'ensemble de la population à faire davantage de sport pour préserver sa santé n'est pas une bonne idée, affirme le Dr Simon. Au lendemain d'un marathon, par exemple, le tiers des participants se retrouvent chez l'orthopédiste, soit entre 100 000 et 150 000 personnes par an en Allemagne !

Ce que l'on voudrait nous présenter comme une vérité universelle ne concerne donc qu'un groupe bien particulier de la population, les gens à qui le sport fait du bien et qui ont la chance de ne pas avoir d'accident en le pratiquant. Mais comment savoir à l'avance si nous en faisons partie ?

Le sport est une méthode qui permet de remplacer des maladies par des accidents.

Ottfried Fischer

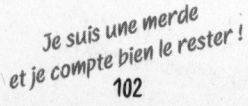
Je suis une merde et je compte bien le rester !

Je pourrais, moi aussi, entreprendre une étude sur une trentaine de centenaires qui reconnaissent détester le sport. Ces spécimens ne sont pas difficiles à trouver. Beaucoup de gens supportent très bien de ne pas avoir la moindre activité physique. Rien que dans ma famille, j'en connais trois : ma grand-mère paternelle a atteint 104 ans et ça m'étonnerait qu'elle ait fait du sport. Ma grand-mère maternelle a vécu 102 ans et n'était pas plus sportive. Son mari non plus, ce qui ne l'a pas empêché de fêter ses 97 ans. Dès que j'aurais réuni suffisamment de vieillards pour composer mon premier échantillonnage, il me resterait à constituer un groupe de contrôle de la même importance. Je pourrais demander à tous mes amis s'ils ont eu des grands-parents sportifs décédés prématurément, et je n'aurais plus qu'à comparer l'espérance de vie des deux groupes – abracadabra, j'obtiendrais un résultat qui me convient parfaitement : on a plus de chances de devenir centenaire en faisant peu de sport !

Il convient donc d'user avec modération des directives de santé les plus courantes. Par ailleurs, quel que soit le résultat de n'importe quelle étude, il est très facile d'en trouver une autre sur Internet qui prétendra exactement le contraire.

Vous feriez donc mieux de laisser tomber votre programme d'optimisation personnelle et de vous installer devant votre ordinateur avec une bonne tablette de chocolat (saviez-vous qu'il est prouvé que le chocolat fait baisser la tension et que, à partir d'une consommation de 7,5 grammes par jour, il réduit de 39 % le risque d'infarctus ou d'AVC ?) pour chercher sur Google les études prouvant la supériorité de votre mode de vie actuel !

Je suis une merde et je compte bien le rester !

La liste suivante énumère les objectifs d'optimisation personnelle les plus fréquents et remet en question leurs avantages réels.

Corps

SE METTRE ENFIN AU RÉGIME... SURTOUT PAS !

La plupart des produits de régime sont fabriqués et consommés aux États-Unis. Curieusement, c'est dans le pays du culte du corps et de l'obsession du fitness que l'on trouve le plus d'obèses !

L'objectif premier de ceux qui veulent maigrir est d'accroître leur séduction : personne n'a envie de coucher avec un gros ou une grosse, c'est bien connu. Le problème, c'est que ce n'est pas forcément vrai. Bliss Kaneshiro, médecin à l'université d'Honolulu, s'est étonnée récemment du nombre supérieur de grossesses involontaires enregistrées aux États-Unis chez les femmes en surpoids par rapport aux minces. On peut avancer deux raisons : les grosses se protègent moins, ou bien elles baisent plus.

Ses recherches lui ont permis d'établir que les femmes fortes, et même obèses, étaient loin d'être sexuellement abstinentes. Elles sont même plus actives dans ce domaine que les minces, que l'on prétend pourtant plus séduisantes. Bliss Kaneshiro a mis en garde ses collègues : « Bien des médecins supposent que les femmes en surpoids n'ont pas de relations sexuelles. Du coup, ils négligent les conseils en matière de contraception et de protection contre les

Je suis une merde et je compte bien le rester !

maladies sexuellement transmissibles. Or, ce préjugé est manifestement injustifié. »

MANGER PLUS SAIN : CE QUI EST BON NE PEUT PAS FAIRE DE MAL

Vivre et se nourrir sainement est un gage de longévité : personne ne conteste sérieusement cette hypothèse. Pourtant, une récente étude du Longevity Genes Project conclut que le mode de vie exerce une influence relativement faible sur l'espérance de vie individuelle. Les chercheurs ont posé à 500 Américains âgés de 95 à 102 ans des questions sur leur mode de vie, c'est-à-dire sur leur consommation d'alcool et de tabac, leur alimentation et leur activité physique. Toutes les personnes interrogées avaient un point commun, leur origine : il s'agissait exclusivement de Juifs européens (ashkénazes). Ces données ont ensuite été comparées à celles de plus de 3 000 personnes qui avaient participé à une étude dans les années 1970 et étaient nées au cours de la même période.

Résultat : ceux qui vivent plus longtemps que la moyenne n'ont pas un mode de vie plus sain que le reste de la population. Sur quelques points, ils avaient même une moins bonne hygiène de vie que les membres du groupe témoin. Les chercheurs en ont conclu que l'environnement extérieur exerce sur la longévité une influence nettement inférieure à ce que l'on avait pu croire jusque-là. Le responsable de cette étude, Nir Barzilai, de l'université Albert-Einstein de New York, explique : « En fait, les Juifs européens possèdent des gènes qui les protègent des influences extérieures négatives. »

BOIRE AU MOINS TROIS LITRES D'EAU PAR JOUR... MAIS D'OÙ ÇA SORT ?

Un beau jour, on a vu apparaître la légende prétendant que nous buvons tous insuffisamment. La soif, peut-on lire dans nombre de revues consacrées à la santé, est un signal d'alarme du corps, une situation de risque qu'il vaut mieux prévenir que guérir. Pour être beau et en bonne santé, un adulte doit boire deux, voire trois litres d'eau par jour.

Comme tout le monde, je me suis laissé convaincre que, en ingurgitant trois litres d'eau minérale au cours de la journée, je serais armée contre toutes les maladies tout en portant un coup fatal à ma cellulite. Malgré ces perspectives mirobolantes, je dois avouer avoir rarement accompli ce pensum jusqu'au bout. D'où ma joie quand j'ai découvert que de récentes études anglaises et américaines affirment qu'il est tout à fait exagéré de boire autant. Une telle recommandation est objectivement injustifiée, écrivent les chercheurs, qui ont été incapables d'en retrouver la source. Le mythe s'est répandu, sans que l'on sache très bien comment. En fait, absorber trop de liquide peut même être dangereux pour la santé, car cela dilue le sang, provoquant ainsi une carence en sodium. Les sportifs, notamment, ont tendance à trop boire, car les spécialistes leur conseillent de compenser leurs pertes hydriques. Voilà pourquoi 13 % des marathoniens souffrent d'une insuffisance en sodium.

Le conseil de la science est aujourd'hui le suivant : buvez quand vous avez soif. Si vous êtes en bonne santé, votre corps fait connaître ses besoins en liquide... quoiqu'en dise bien souvent l'industrie.

*Je suis une merde
et je compte bien le rester !*

FAIRE DES CURES DÉTOX, OK... MAIS LES TOXINES, C'EST QUOI ?

Il y a des gens qui considèrent leur corps comme une sorte de sac crasseux qui a régulièrement besoin d'un grand ménage extérieur et intérieur. Selon eux, nettoyage du côlon et cures de jeûne sont indispensables pour éliminer les nombreuses toxines qui s'accumulent dans notre corps et nos tissus adipeux. Grand bien leur fasse, mais celles-ci n'existent que dans leur imagination : aucune toxine n'attaque notre organisme. Notre foie, nos reins et nos poumons se débarrassent quotidiennement des métabolites que nous produisons.

Bien sûr, vous ne vous retrouverez pas à l'hôpital si vous jeûnez occasionnellement, comme le prétend la Société allemande de nutrition et de diététique, qui met énergiquement en garde contre les jeûnes thérapeutiques. Mais tous ceux qui ont entrepris une cure de jeûne et n'ont jamais tenu le coup plus de vingt-quatre heures ont désormais une excellente excuse : aucun effet médical positif du jeûne et du nettoyage du côlon n'a encore été mis en évidence.

Âme

UNE BONNE CONNAISSANCE DE SOI EST SALUTAIRE ET... VOUS PLONGE DANS UN ABÎME DE DÉTRESSE

Il est bon d'être à l'écoute de soi. On comprend mieux ses angoisses et ses sentiments, et on élargit le champ de sa conscience. La méditation, certaines formes de yoga ou la méthode Grinberg sont censées nous apporter une meilleure connaissance de nous-mêmes.

En réalité, cette plongée dans les tréfonds de leur être est, pour beaucoup de gens, une source de tristesse.

Les maîtres de méditation et les professeurs de yoga prétendent que cet effet révèle précisément toutes les négativités accumulées dans notre corps que la méditation se chargera de dissiper ou de transformer. Ce n'est pas une partie de plaisir et cela n'a rien d'agréable, mais quand on s'engage dans une telle démarche, on prend la résolution de ne plus se dérober à ce type d'émotions.

C'est un piège insidieux, affirme le chercheur américain Deane H. Shapiro, qui a établi, en 1992, que 62,9 % des adeptes de la méditation interrogés se plaignaient de répercussions négatives pendant et après leurs séances de méditation. Et 7,4 % ressentaient de graves effets négatifs. Une pratique régulière de la méditation pendant des années, voire des décennies, était loin de réduire les crises de panique et d'angoisse, les humeurs franchement dépressives et le désespoir. Pourtant, ces gens ne voyaient pas dans les conséquences manifestement négatives de la méditation une raison d'y renoncer, car ils étaient convaincus qu'elles faisaient partie intégrante de la démarche. Ils n'avaient pas conscience de perdre ainsi purement et simplement la notion de ce qui était bon pour eux.

Bien sûr, ceux qui le souhaitent peuvent méditer, et je suis toute prête à croire ceux qui prétendent que ça leur fait du bien. Mais je refuse d'admettre qu'une activité qui vous rend malheureux puisse avoir des conséquences positives.

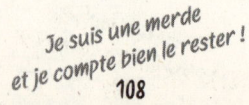

Je suis une merde et je compte bien le rester !

SOYEZ PLUS SÛR DE VOUS ET… DEVENEZ IMBUVABLE

Presque tout le monde voudrait gagner en assurance. Quand on pense à tout ce que l'on aurait pu faire si on n'avait pas été rongé par le doute… Sans ces insupportables complexes d'infériorité, on aurait été plus apprécié des autres et on aurait pu draguer avec beaucoup plus de décontraction. N'est-ce pas ?

Vérifiez par vous-même, car l'état auquel beaucoup aspirent n'est pas difficile à atteindre : un rail de coke, et hop ! vous aurez l'impression que le monde vous appartient et que vous contrôlez tout. Mêlez-vous ensuite à des gens qui n'ont pas pris de drogue et observez attentivement ce que l'on éprouve quand on est sûr de soi. Le lendemain, demandez à ceux qui étaient autour de vous au cours de cette expérience de vous dire sincèrement ce qu'ils ont pensé de vous : je peux vous annoncer tout de suite qu'être trop sûr de soi ne rend pas sympathique…

LES VERTUS DE L'OPTIMISME ET… SES MORTS PRÉMATURÉES

Vous pensez que croire en soi permet de réaliser plus de choses au cours de son existence ? Détrompez-vous. On risque même fort d'en mourir plus tôt. La confiance des optimistes, absolument certains de pouvoir surmonter toutes les difficultés, et leur disposition à prendre plus de risques pourraient expliquer pourquoi ils meurent souvent jeunes. C'est ce que révèle une étude de l'université de Californie, confirmée par une autre de l'université de Stanford : les enfants plus joyeux ont tendance, à l'âge

Je suis une merde et je compte bien le rester !

adulte, à fumer et à boire davantage, et à adopter des conduites à risque.

ÊTRE HEUREUX ? MAIS POUR QUOI FAIRE, AU JUSTE ?

Si on s'estime parfaitement heureux, c'est que la mort n'est pas loin. C'est clair. Notre organisme éprouve de nombreux besoins qu'il exprime par un malaise perceptible, comme la faim ou la soif. Il nous incite à intervenir pour rétablir son équilibre.

Sur le plan psychique, c'est pareil, l'insatisfaction peut se révéler féconde : être insatisfait et se concentrer sur ce qui ne va pas nous maintient sur la brèche et stimule notre créativité. Et il est plus précieux, tout le monde en conviendra, d'être éveillé et inventif que simplement heureux. Le bonheur est en tout état de cause un état éphémère, et dès que l'on a conscience d'être heureux, on ne l'est déjà plus.

On peut se faire une idée des voies impénétrables qu'emprunte le bonheur en consultant dans le « World Values Survey » la liste des pays du monde dont les habitants sont les plus heureux. En règle générale, les citoyens des pays riches sont plus heureux que ceux des pays pauvres, ce qui explique que le Danemark ait été pendant des années numéro un sur l'échelle du bonheur. Mais voilà que, depuis neuf ans, les Nigérians s'affirment comme le peuple le plus heureux du monde. Dans ce cas, pourquoi ne filons-nous pas tous au Nigeria ? Ce pays qui a le gouvernement le plus corrompu du monde, où plus de trois millions d'habitants sont infectés par le virus du sida et où un bébé sur dix n'atteint pas son premier anniversaire. Des gangs font la loi à Lagos, la plus grande ville du pays, volant, violant et assassinant à tour de bras...

« Le secret du bonheur de mes compatriotes est sans doute la sérénité qui s'installe quand une vie humaine ne vaut plus rien », écrit à ce sujet Reuben Abati, commentateur du *Guardian* (Lagos) sur BBC News Online.

Voilà un bonheur que je préfère m'épargner.

Savoir vraiment vivre, c'est être heureux
dès que l'on n'est pas malheureux.
Jean Anouilh

Spiritualité

REFUSER L'INTENTIONNALITÉ DE TOUTES SES FORCES

Ne vous donnez pas tout ce mal. On peut très bien éveiller son esprit devant la télé, la main dans un sachet de chips.

Intelligence

SE CREUSER LA CERVELLE : UNE BONNE IDÉE... EN THÉORIE

Être toujours disposé à apprendre, se mettre constamment au défi et être capable de s'enthousiasmer sont autant de qualités louables. Il faut faire travailler son cerveau, c'est bien connu. Apprendre une nouvelle langue, par exemple, ne vous ouvre pas seulement de nouveaux horizons humains

Je suis une merde
et je compte bien le rester !

et professionnels, c'est en même temps un excellent « jogging cérébral ».

Et malgré de tels bénéfices, vous avez encore du mal à vous engager enfin dans ce fameux programme de formation personnelle ? « C'est parce que l'idée de faire quelque chose qui serait bon pour nous n'est qu'une idée », explique le psychiatre Mazda Adli de l'hôpital de la Charité de Berlin. « Et il est difficile de s'enthousiasmer vraiment pour une idée. »

L'enthousiasme ne s'invente pas plus qu'il ne se commande. Il surgit tout seul et, le plus souvent, ce n'est pas une idée qui le suscite mais une personne. Quand on veut apprendre une langue, inutile de s'inscrire à des cours municipaux. Mieux vaut trouver un ou une chéri(e) qui ne parle et ne comprend que cette langue : on apprend bien mieux au lit, avec un être humain en chair et en os, que derrière un bureau.

Travail manuel

JARDINEZ !

« Je devrais en faire plus dans la maison et/ou au jardin. » Si vous consacrez plus de temps à cette réflexion qu'à jardiner pour de vrai, vous feriez mieux de vendre votre maison et son jardin !

Même quand on n'est pas en train de travailler sur soi, on trimballe toute une série de projets en attente de réalisation. On a rarement conscience de l'énergie nécessaire pour ignorer la petite voix qui nous harcèle perpétuellement :

Je suis une merde et je compte bien le rester !

« Tu avais décidé de perdre du poids, de ne plus manger de sucre raffiné, de moins regarder la télé et de faire du sport. » Une énergie que l'on pourrait très bien utiliser différemment.

Au lieu d'éliminer les toxines de notre organisme, de ranger la maison et d'ordonner notre âme, il est grand temps de faire un sérieux tri dans toutes nos bonnes résolutions. Parmi les projets qui n'ont pas encore trouvé de place dans notre vie quotidienne, lesquels datent de plus de trois ans ? À la poubelle ! Lesquels se sont réalisés tout seuls depuis ? Dans quelle mesure notre corps et notre esprit ont-ils poursuivi leur évolution au point que seul un miracle nous permettrait aujourd'hui d'atteindre notre objectif initial ?

Supprimez le plus possible de bonnes résolutions de votre liste mentale de projets. Définitivement. Balancez à la poubelle la pile de journaux et de livres que vous n'avez pas eu le temps de lire. Supprimez de votre agenda tous vos rendez-vous culturels et sportifs. Jetez les objets cassés que vous avez l'intention de réparer depuis si longtemps, mais qui sont toujours en morceaux. Quant aux vêtements que vous avez achetés pour vous récompenser à l'avance du poids idéal que vous n'alliez pas tarder à atteindre et qui ne vous vont toujours pas, donnez-les ou revendez-les sans scrupule. Tenir votre journal est une corvée, mais vous vous y tenez parce que vous êtes convaincu que c'est bon pour votre hygiène mentale ? Laissez tomber !

Faites un point sur tout ce que vous avez envisagé de faire un jour ou l'autre. Surtout si ces projets sont censés faire le bonheur d'autrui : tout ce qui peut paraître judicieux et raisonnable en théorie, ne répond pas, en pratique, à cette

Je suis une merde et je compte bien le rester !

définition. En outre, il est facile de se tromper lourdement quand il s'agit du besoin des autres.

Quand nous étions à l'école primaire ma sœur et moi, le climat n'était pas au beau fixe à la maison. Un conseil de famille a été organisé. Le visage grave, notre mère nous a annoncé qu'elle avait décidé que beaucoup de choses devaient changer. Elle souhaitait plus d'harmonie dans notre vie quotidienne et elle avait beaucoup réfléchi à la question. On a trouvé ça génial. Effectivement, il y avait bien des points à améliorer et on attendait ses propositions avec impatience. On aurait bien voulu pouvoir passer plus souvent la nuit chez nos copines ou rester dehors un peu plus tard le soir. Nous avions aussi du mal à supporter la surveillance quotidienne de nos devoirs et le contrôle systématique de notre toilette. Peut-être même pourrions-nous profiter des bonnes dispositions maternelles pour que soient exaucés certains de nos plus chers désirs, comme avoir un chien ou pouvoir passer plus de temps devant la télé !

Notre mère a pris notre père par la main : « Votre père et moi voulons vous demander pardon de vous consacrer aussi peu de temps. Nous avons donc décidé de jouer davantage avec vous à l'avenir. »

Éberluées, nous nous sommes dévisagées, ma sœur et moi. C'était bien la dernière chose à laquelle nous nous attendions ! Ma sœur a été la première à protester : « Ça va pas, non ? On n'a pas envie de jouer avec vous, nous ! »

Cas de mauvaise conscience décrété par l'État. Le ministère chargé des questions familiales ne cesse de nous y exhorter dans des brochures sur papier glacé et sur d'immenses placards publicitaires : jouez plus avec vos enfants.

Qu'aimeriez-vous changer en vous ?

Sur un papier, notez tout ce que vous aimeriez améliorer en vous : dans votre physique, votre caractère, ou dans votre vie.

Puis chiffonnez la feuille et jetez-la à la corbeille.

5.
Le travail sur soi, ça suffit !

Ne pas avoir d'ambition, c'est s'éviter beaucoup de regrets

« I'm born this way ! »
Lady Gaga

Un beau matin, nous avons trouvé collé sur la porte d'entrée de notre colocation un papier nous donnant deux semaines pour vider les lieux. J'étais encore étudiante, et notre propriétaire avait fait faillite et s'était barré à Ibiza. Nous étions cinq filles d'une petite vingtaine d'années, et nous nous sommes toutes mises à la recherche d'une nouvelle chambre, pas trop chère. Comme nous étions en plein milieu d'un semestre, j'ai sauté sur la première offre qui m'a semblé acceptable : à quelques rues de notre précédent logement, une dame d'une quarantaine d'années louait une chambre dans son appartement de cent trente mètres carrés. Elle avait l'air d'une femme très bien, la salle de bains et la cuisine étaient impeccables et – avantage inestimable – elle partait travailler de bonne heure le matin et était absente toute la journée.

Il ne m'a pas fallu longtemps pour constater que ma nouvelle propriétaire était maniaque. Elle faisait le ménage selon un emploi du temps immuable, tenait une comptabilité minutieuse des aliments qu'elle rangeait dans le frigo, des feuilles de P.Q., du nombre de coups de fil que je passais, de la fréquence de mes bains ou de l'utilisation de la chasse d'eau. Elle ressortait même de la poubelle les épluchures desséchées et les pots de yaourt vides et les alignait devant la porte de ma chambre parce que je ne les avais pas jetés dans le bon bac à ordures. Ce qui n'était pas rare, je l'avoue, car elle avait installé dans sa cuisine plus d'une dizaine de récipients que j'avais bien du mal à identifier. Rien que pour les bouteilles vides, il y avait cinq paniers métalliques : un pour le verre de couleur, un pour le verre blanc, un troisième pour les bouteilles à rapporter à la boutique bio et un quatrième pour les bocaux réutilisables. Les bouteilles ordinaires consignées devaient être déposées dans le cinquième. Elle ne supportait pas que je laisse traîner de la vaisselle à côté de l'évier, il ne devait pas y avoir de linge sur le fil (sauf le lundi), pas de chaussures ni de manteaux de visiteurs dans l'entrée. Bref : elle contrôlait tout.

J'ai rapidement appris pourquoi ma chambre s'était miraculeusement libérée. Ma logeuse vivait jusque-là avec son amie, une femme jolie et gaie – à en croire les quelques photos qu'elle m'a montrées. Ne supportant plus son obsession de l'ordre, celle-ci l'avait quittée. Ce départ avait tellement chamboulé ma propriétaire qu'elle n'avait attendu que quelques jours pour entreprendre une psychothérapie, m'avait-elle avoué un soir où nous avions dîné ensemble. Le samedi suivant, à mon réveil, elle était déjà sortie. L'après-midi, à mon retour, elle n'était toujours pas là. C'était inhabituel, car elle n'avait pas beaucoup d'amis à qui rendre visite le week-end. Elle n'est revenue qu'en

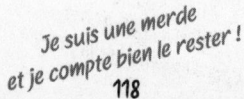

début de soirée, gelée, mais en pleine forme et d'excellente humeur. Pendant qu'elle rinçait sa boîte à sandwiches et sa gourde vide, elle m'a expliqué la raison de sa gaieté : ce jour-là, elle avait fait exactement ce qu'elle avait envie de faire. Sa psychologue lui avait expliqué que sa maniaquerie était due au fait qu'elle ne se laissait jamais vraiment aller, qu'elle faisait et disait rarement ce qui lui plaisait. Elle lui avait donc donné pour exercice de la semaine de faire ce qui lui passerait spontanément par la tête et de ne pas se gêner pour dire ce qu'elle pensait aux gens qu'elle rencontrerait. Tout cela m'avait l'air parfait, ai-je acquiescé, avant d'apprendre ce qui était spontanément passé par la tête de ma propriétaire ce matin-là.

À un grand carrefour, elle s'était cachée derrière les jardinières en béton séparant le trottoir de la chaussée. Chaque fois qu'un cycliste avait emprunté la piste cyclable dans le mauvais sens, elle avait surgi comme un diable de derrière les bacs, s'était plantée au milieu de la piste, l'obligeant à s'arrêter. Tout en tenant fermement le guidon pour empêcher le contrevenant de filer, elle lui avait alors infligé la lecture du passage du code de la route consacré à l'infraction qu'il venait de commettre.

Elle en avait envie depuis longtemps, m'avait-elle confié, et grâce à sa psychologue, elle avait eu le courage de réaliser ce projet, ce qui lui avait fait un bien fou.

J'ai été surprise que ses victimes ne lui aient pas collé spontanément une bonne baffe le jour où ma propriétaire avait enfin eu le courage de se montrer sous son vrai jour ! Il est réjouissant de constater que les gens se contrôlent mieux que l'on ne pourrait le croire.

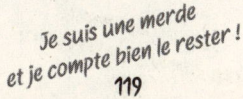

Je suis une merde et je compte bien le rester !

Cette histoire est parfaitement véridique, et j'espère que mon ancienne logeuse n'ouvrira jamais ce livre, car non contente d'être maniaque, elle était rancunière et vindicative, comme j'allais le découvrir durant les quelques semaines passées chez elle. Mais cette anecdote suffit à prouver que s'attaquer à ses défauts ne fait qu'aggraver la situation.

L'interprétation que cette femme donnait de « se montrer sous son vrai jour », « être sincère », « dire ce que l'on pense » n'était évidemment pas la même que celle de sa psychologue. En effet, aucun conseil pour lutter contre des manies personnelles ne peut avoir la moindre utilité : les mesures proposées sont toujours appréhendées à travers le filtre de la manie ou du trait de caractère dont il est question.

Le maniaque luttera en maniaque contre sa maniaquerie dès qu'il aura décidé d'y voir un problème. Un inhibé cherchant à s'extérioriser agira contre son tempérament profond – ce qui le mettra très mal à l'aise.

Nous interprétons tout ce que nous entendons et voyons en fonction de notre personnalité. On n'échappe pas à soi-même.

Si je suis bête et que je dis qu'il faut que je devienne intelligent, cet effort pour accéder à l'intelligence n'est qu'une forme supérieure de bêtise.

Jiddu Krishnamurti

Cette réalité est particulièrement frappante quand il s'agit des autres. Comme un nombre important de gens consacrent une grande partie de leur temps et de leurs

Je suis une merde et je compte bien le rester !

forces à résister à leurs travers, il est facile de faire cette observation au sein de son entourage : les efforts pour vaincre ses défauts conduisent à buter en permanence contre soi-même. Lutter contre ses propres faiblesses, c'est se prouver encore et encore que l'on en souffre. Pourquoi ne s'épargne-t-on pas une telle épreuve ? C'est une des grandes énigmes de la vie quotidienne...

On peut généralement relever de bons indices des pires défauts et des plus grossières erreurs de ceux qui nous entourent en observant les lieux qu'ils aiment fréquenter. Les exemples qui suivent vous feront peut-être l'effet de clichés, mais c'est parce qu'ils décrivent des personnes et des faits tellement typiques et habituels qu'il n'est plus possible de les présenter comme une observation originale. Pour s'en convaincre, il suffit de participer à un événement ou de s'inscrire dans une association en espérant y rencontrer des gens qui sont sur la même longueur d'onde que nous pour constater que, de toute évidence, ce n'est pas là qu'on les trouve.

– Les « séminaires en créativité » rassemblent systématiquement les gens les moins créatifs, ceux qui ont besoin de directives pour esquisser le moindre coup de pinceau ou le plus petit pas de danse, et qui veulent absolument savoir si leurs expressions artistiques sont « bien » ou « pas bien ». Ils ont un besoin maladif de se voir fixer des règles plutôt que de les définir eux-mêmes (comme le fait tout artiste digne de ce nom).

– Dans les soirées qui promettent « sexe, drogue et rock'n'roll » à volonté (vous pouvez y aller les mains vides), ce sont les plus coincés qui se déchaînent le

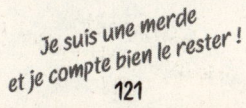

Je suis une merde et je compte bien le rester !

121

plus. Malheureusement, au sommet de leur extase, leur mesquinerie revient au galop. On a pu le constater à Budapest, il y a quelques années, à l'occasion d'une réception donnée par les anciennes assurances Hamburg-Mannheimer au cours d'un voyage de « motivation » organisé pour leurs collaborateurs : des prostituées venues « récompenser » les salariés méritants devaient pointer après chaque passage dans une chambre, comme on badge chaque jour sur son lieu de travail.

– Les défilés de mode, les salons, les vernissages et réceptions mondaines attirent une clientèle de « petits bourgeois » qui ne font que prouver à quel point ils cherchent à s'approcher des célébrités. Plus on côtoie de « people », plus on est effrayé de constater que ceux qui tournent autour, en quête d'un selfie avec Karl Lagerfeld ou Didier Deschamps, sont casse-pieds.

– Les salles de fitness ne sont pas fréquentées par ceux qui valorisent leur corps, par les vrais adeptes de la culture physique, mais par ceux qui considèrent leur corps comme un élément à dominer et à contrôler.

– Ceux qui s'inscrivent à des séminaires d'apprentissage du bonheur, à des retraites spirituelles ou des voyages de découverte de soi sont en réalité souvent désespérés et malheureux.

– Quiconque a, une fois dans sa vie, eu l'idée de s'engager pour une bonne cause l'aura compris : dans les groupes politiques à vocation sociale, les luttes sont souvent sanglantes. Si vous en voulez des preuves, inscrivez-vous sur la liste de diffusion du parti de votre choix, et suivez les discussions des participants.

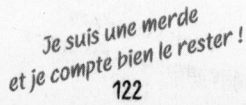
Je suis une merde et je compte bien le rester !

– Les rencontres bouddhistes attirent généralement des individus qui considèrent que tout tourne autour d'eux – alors que cela fait parfois des dizaines d'années qu'ils luttent contre leur égocentrisme. Ils sont convaincus d'être supérieurs à tous les nouveaux venus, simplement parce que leur ego est déjà nettement plus petit que celui de ceux qui n'ont pas encore passé autant de temps à travailler sur eux. Et leur petit ego en est très fier…

– Des fans de l'ours polaire du zoo de Berlin, véritables amoureux transis de l'animal décédé depuis, étaient prêts à se battre comme des chiffonniers contre leurs rivaux, juste pour bénéficier du grand privilège de lui distribuer du poisson.

Il y a des choses plus dramatiques que de ne pas être particulièrement créatif, gai, sociable, sportif ou zen. Être inhibé ou dénué d'imagination, se sentir insatisfait quotidiennement ou ne pas s'entendre avec tout le monde sont des travers tout à fait pardonnables. Ces traits de caractère ne deviennent gênants que lorsque l'on cherche à les surmonter : en guise de mise en garde, voici quelques exemples de gens qui luttent systématiquement contre ce qu'ils considèrent comme des défauts et ne se rendent pas compte que ça ne fait que les mettre encore plus en évidence.

L'ancien président de la République fédérale d'Allemagne, Christian Wulff, a lutté sans relâche pour dissimuler son côté petit-bourgeois. Vous savez, ces petits bourgeois qui tiennent absolument à connaître des stars et à les présenter à tous comme leurs amis. La joie de faire enfin partie de ce monde-là lui est montée à la tête : Christian

Je suis une merde et je compte bien le rester !

Wulff n'a pas compris que ce n'était pas pour lui-même, mais pour sa fonction de ministre puis de président, que tout le monde se montrait aimable avec lui et recherchait sa compagnie – à l'image du rédacteur en chef de *Bild*, Kai Diekmann. Quand ce magazine a voulu publier un reportage sur le crédit immobilier douteux que Wulff avait obtenu de l'entrepreneur Egon Geerkens, Christan Wulff n'a pas hésité à se plaindre auprès de Kai Diekmann, à coups de messages furieux sur son répondeur. Wulff avait certainement cru être l'ami de Diekmann... Être l'ami du rédacteur en chef de *Bild*, il faut vraiment être borné pour se bercer d'une telle illusion !

Enfin, un dernier exemple, positif celui-ci, vous montrera qu'il n'est possible de gagner qu'en cessant de se battre contre l'évidence : à plus de 80 ans, Rolf Eden a récemment remporté le titre de « Berlinois le plus ridicule » parce qu'il refuse de renoncer à jouer au play-boy. Interviewé par la presse allemande, il a répondu : « Sur quatre millions d'habitants, je suis le plus ridicule. Qui peut en dire autant ? Je trouve ça super. »

Travailler sur soi, c'est se transformer en caricature de soi.

Eh oui, il est impossible de changer fondamentalement, mais rassurez-vous : tout le monde est logé à la même enseigne ! Le psychiatre Mazda Adli est très clair là-dessus : « Il y a une chose sur laquelle on peut compter : on restera tel que l'on est. Celui qui donne l'impression d'avoir avalé un manche à balai aura beau travailler d'arrache-pied sur lui-même, il ne dansera pas sur la table en fin de soirée. Les soupes au lait le resteront toujours. Et personne ne peut

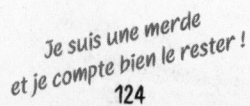

Je suis une merde et je compte bien le rester !

rendre créatif quelqu'un qui ne l'est pas, ou transformer un timide en effronté. »

Même si l'on souffre d'être tel que l'on est, Adli estime qu'il n'y a pas lieu de faire appel à un psychiatre.

Mais ne rien pouvoir faire pour remédier à nos défauts n'est évidemment une bonne nouvelle pour personne ! Il ne s'agit pas de vétilles, en effet, et nos échecs portent généralement sur des points essentiels : certains perdent rapidement leur sang-froid, d'autres se laissent emporter malgré eux par la jalousie. D'autres encore sont incurablement envieux et en ont honte. Bien des gens regrettent d'être aussi timides et ont du mal à imaginer que ceux qui ne le sont pas puissent souffrir de leur incapacité à se montrer plus réservés en société. Ce que les introvertis considèrent comme une attitude cool avec les autres peut aussi relever d'une contrainte intérieure à jouer perpétuellement les boute-en-train.

On peut souffrir de sa crédulité autant que de sa méfiance. On peut se reprocher de se laisser distraire aussi facilement, ou bien se rêver moins rigide. Il y a même des gens qui se trouvent trop intelligents et sont persuadés que leur vie serait plus agréable s'ils étaient un peu plus bêtes. Nombreux sont ceux qui luttent contre leur tendance à se plaindre, alors que d'autres ont du mal à exprimer des critiques justifiées et s'en veulent.

Il existe mille bonnes raisons de ne pas s'aimer.

L'intervention d'un thérapeute ne s'impose que si vos défauts ou vos angoisses rendent votre quotidien invivable. Quand la phobie des microbes vous empêche de sortir de chez vous ou que votre passion du jeu vous met, avec votre famille, sur la paille. Ces dysfonctionnements avérés peuvent être corrigés par une psychothérapie comportementale, affirme le Dr Mazda Adli. Dans tous les autres cas, le jeu n'en vaut pas la chandelle.

Notre personnalité est une entité complexe dans laquelle inconvénients et avantages vont toujours de pair. C'est une évidence, certes, une vérité connue de tous, mais que se passerait-il si nous l'appliquions à nous-mêmes ? Ne passe-t-on pas son temps à tenter de corriger un trait de caractère dont les avantages profitent quotidiennement à notre entourage ?

Nous sommes programmés pour privilégier le négatif, notre cerveau est constamment à la recherche de nos erreurs et accorde toujours plus d'importance à nos inaptitudes qu'à nos qualités, explique Werner Katzengruber, psychologue et coach en développement personnel.

Chaque fois que nous repérons en nous un trait qui nous déplaît, nous ferions bien de nous interroger sur la qualité indéniable qui l'accompagne !

L'expérience m'a appris qu'un homme qui n'a aucun vice n'a que très peu de vertus.
Abraham Lincoln

Qu'aimeriez-vous changer chez vous tout de suite ? Si vous pointez dans cette liste une qualité dont vous aimeriez être mieux pourvu, regardez dans la colonne de droite : seriez-vous prêt à renoncer aux avantages qui accompagnent votre « défaut » ?

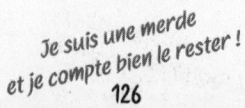

Je suis une merde et je compte bien le rester !

Bienveillance	Faculté d'imposer sa volonté
Impassibilité	Sensibilité
Sollicitude	Indépendance
Motivation dans le travail	Aptitude à profiter de la vie
Retenue	Forte personnalité
Créativité	Don d'organisation
Élégance	Exubérance
Patience	Efficacité
Décontraction	Engagement
Originalité	Savoir-faire
Faculté d'autocritique	Assurance
Faculté de conciliation	Hautes exigences envers soi-même
Réticence à s'endetter	Capacité à faire face aux pressions financières

Je suis une merde et je compte bien le rester !

Mon ancienne logeuse aurait donc mieux fait de chercher un poste d'agent de tri de déchets que d'essayer de vaincre sa maniaquerie.

Malheureusement, les employeurs ne tiennent pas encore compte des névroses de leurs collaborateurs au moment de leur embauche afin d'exploiter délibérément les avantages de ces légères déviances psychiques.

Il existe pourtant une exception : la société suisse Asperger Informatik emploie de préférence des individus atteints du syndrome d'Asperger, car cette forme d'autisme s'accompagne fréquemment de dons d'analyse mathématique exceptionnels et d'une faculté de concentration et d'application extrême. Que ces individus manquent le plus souvent de spontanéité et apprécient un emploi du temps bien réglé ne pose pas, concrètement, de gros problèmes.

Une étude réalisée par les psychologues américains Bradley Folley et Sohee Park montre que les salariés qui souffrent de troubles de la personnalité sont, dans bien des cas, plus créatifs et plus ouverts à des solutions insolites. Évidemment, ils ne sont pas toujours intégrés, à cause de leurs tenues vestimentaires peu attrayantes et de leur abord difficile. Dénués d'humour, ils sont également méfiants et irascibles. Mais il suffit de le savoir et d'en tenir compte.

Les gens que l'on dit « dépressifs » sont plus à même que les autres d'évaluer et de prévoir les situations de crise grâce à leur pessimisme invétéré. De nombreuses études scientifiques l'ont prouvé. En revanche, il ne faut évidemment pas leur demander de s'imposer face à leurs collègues, de feindre un enthousiasme qu'ils n'éprouvent

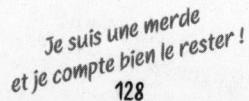

Je suis une merde et je compte bien le rester !

pas, ni de se concentrer sur leur travail huit heures par jour. Ils pourraient ainsi enfin montrer à la société ce dont ils sont capables.

Au lieu de quoi, on leur impose des psychothérapies censées leur apprendre à ne pas voir le monde sous un jour réaliste, mais sous un angle irréaliste, autrement dit positif. Comme nous l'avons dit et répété, ces efforts ne font qu'aggraver le problème. Un dépressif qui essaie désespérément d'avoir des pensées positives en arrivera tôt ou tard à cette conviction : je suis tellement nul que je ne suis même pas capable d'avoir une idée positive.

> *Une bonne faiblesse vaut mieux qu'une mauvaise force.*

Comment ne pas s'inquiéter en constatant que, chaque fois que l'on essaie de repousser un chouia les limites de sa personnalité, on se trouve systématiquement ramené à son point de départ ? Un point de départ dont on ne prend d'ailleurs conscience qu'à ce moment-là.

Généralement, la toute première expérience de ce type se produit à l'adolescence, quand on commence à se demander qui on est réellement, et qui on aimerait bien être. Ce problème insoluble d'identité se présente alors approximativement sous cette forme : « Il y a des types bien plus sûrs d'eux et plus cool que moi, ou des filles qui attirent tous les beaux gosses comme des mouches... Qu'est-ce que je pourrais bien changer en moi pour devenir aussi cool ou aussi attirant(e) ? Comment faut-il marcher et se tenir immobile ? Que faut-il dire et faire ? Comment s'habiller, que faut-il manger, fumer et boire pour épater les autres ? »

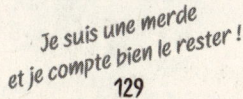
Je suis une merde et je compte bien le rester !

Un beau jour, on commence à comprendre que c'est précisément le fait de se poser toutes ces questions qui nous empêche d'être cool. On croit avoir mis le doigt sur le secret du charisme : il suffit, pour ne plus être un looser, de ne plus se demander pourquoi on n'est pas cool. Il ne reste plus qu'à réussir à ne plus s'interroger perpétuellement sur soi et sur son incapacité à être cool. Heureusement, ces inepties ne durent que quelques années.

Selon Freud, ne pas se sentir « maître chez soi » représente la troisième blessure narcissique de l'humanité – après la révolution copernicienne et, trois siècles et demi plus tard, la découverte par Charles Darwin que l'homme est davantage le fruit de l'évolution que de la création divine.

Découvrir que c'est l'inconscient bien plus que le Moi conscient qui contrôle nos pensées et nos sentiments entraîne, en toute logique, une perte d'estime de soi. Puisque vous avez survécu sans dommage aux deux premières blessures, vous devriez bien arriver à surmonter la troisième !

La mesure personnifiée... c'est moi !

Le jour où j'ai eu mon premier chez-moi, j'étais folle de joie. Il faut dire que ça faisait un moment que les éternelles querelles de colocataires à propos du tableau de roulement des tâches ménagères et des compartiments réservés dans le frigo me tapaient sur le système. Sans parler d'expériences désagréables comme celle de ma logeuse maniaque.

J'ai acheté des gants en caoutchouc, des chiffons, des balais-brosses et des détergents et je me suis lancée dans un grand ménage. Je tenais à ce que mon appartement soit impeccable, dans les moindres recoins. Pas de cadavres de bouteilles, comme dans la dernière location que j'avais partagée avec quatre hommes, ni de moisissures autour de la baignoire ou de bouquets de brosses à dents couvertes de dentifrice et plantées dans des verres. Pas question non plus de laisser la vaisselle sale s'accumuler dans l'évier pendant des jours. Quant au carrelage, il serait passé régulièrement au vinaigre blanc pour éviter les dépôts de calcaire.

J'étais à quatre pattes en train de récurer le sol à la brosse en chiendent derrière la porte quand j'ai commencé à me demander si je n'y allais pas un peu fort et si je ne risquais pas de devenir aussi accro au ménage que mon ancienne propriétaire. Accroupie dans mon coin, je ne savais plus quoi faire. Si je poursuivais mon opération nettoyage avec toute l'énergie prévue, j'en faisais peut-être plus que nécessaire et je gaspillais de précieuses heures de ma jeunesse. En revanche, si je me contentais d'un décrassage superficiel, mon appartement ne serait pas nickel, d'autant que, maintenant, j'avais vu de près cet endroit crasseux et ne pouvais plus l'ignorer.

Après avoir envisagé un compromis – je vais nettoyer ce coin un tout petit peu mieux –, j'ai immédiatement compris que ce n'était pas une solution à mon dilemme : à partir de quel résultat, en effet, devais-je arrêter ? Quand aurais-je dépassé le seuil à partir duquel un peu devient trop ? Comment savoir si mon désir de propreté et

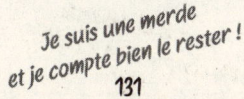

Je suis une merde
et je compte bien le rester !
131

d'hygiène restait dans les limites de la normalité ou devenait pathologique ?

À qui demander si la propreté de mon appartement était raisonnable ou démesurée ? Poser la question à cinq amis, c'était être assurée d'obtenir cinq réponses différentes, toutes étayées par des arguments parfaitement sensés : ce que l'un aurait jugé à peu près acceptable aurait paru intolérable à l'autre, là où l'un aurait vu une très légère saleté, l'autre en aurait eu l'appétit coupé. Chez l'un, le confort aurait primé sur l'hygiène (il y a des choses plus importantes que de faire le ménage), tandis qu'un autre allait être de l'avis contraire (bâcler le ménage est une preuve évidente d'indifférence vis-à-vis de soi-même).

On pourrait considérer que les besoins de chacun sont la mesure de toute chose, mais nous avons appris à nous en méfier parce que nous avons sous les yeux une image de nous-mêmes à laquelle nous aimerions bien nous conformer (ou, à l'inverse, un exemple dissuasif, auquel nous ne voulons surtout pas ressembler). C'est à cet instant que nous devenons dépendants de l'opinion des autres, et qu'il devient impossible de se passer de l'intervention de personnes extérieures pour savoir comment agir. Peu importe ce que nous remettons en cause chez nous, il se trouvera toujours quelqu'un pour nous convaincre qu'il y a quelque chose qui cloche.

Imaginons que vous vous mettiez à regretter que votre vie sexuelle ne soit pas plus passionnée. Vous entrez dans une librairie et faites votre choix parmi plusieurs dizaines d'ouvrages qui vous expliquent pas à pas comment devenir un amoureux ou une amoureuse incendiaire.

À l'inverse, si vous avez l'impression que la sexualité occupe une trop grande place dans votre vie, vous trouverez une foule de gens tout disposés à vous aider à vous libérer de votre addiction sexuelle. Ou encore, si vous n'avez pas du tout de partenaire, vous pouvez vous inscrire à des cours pour apprendre comment faire perdre la tête aux femmes ou aux hommes.

Si vous vous trouvez trop gros(se), d'innombrables experts vous aideront à perdre du poids. Mais si vous décidez que vous devez apprendre à vous appréciez tel(le) que vous êtes avec vos rondeurs, vous ne manquerez pas non plus d'encouragements.

C'est sympa d'avoir des compagnons de lutte, mais ça ne dure pas. Dès que vous aurez prouvé que vous êtes incapable de suivre tous ces conseils et que vous préférerez tirer un trait sur votre programme de transformation de vous-même, ils se fâcheront et ne manqueront pas une occasion de vous rappeler votre échec.

Puisque vous êtes en train de lire un « guide » prétendant vous expliquer comment rendre votre vie plus facile et plus belle, il est grand temps que je vous donne une piste pour échapper à ce dilemme. Commençons par celle-ci : décidez que plus rien, chez vous, ne pose de problème et tout ira bien.

Évidemment, si vous avez lu les pages qui précèdent, vous savez depuis un moment que c'est complètement absurde :

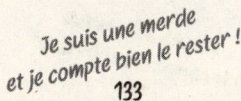

ceux qui considèrent qu'ils n'ont pas de problèmes n'ont pas besoin de ce conseil, et ceux qui ont tendance à voir des problèmes partout se verront ainsi invités à faire un problème de leur tendance à faire des problèmes... ce qui ne risque pas de leur faciliter la vie.

Dès que je décide de changer, je donne un millier d'arguments à mes adversaires.

Mais, alors, que faire ? Tous ces conseils ne peuvent quand même pas être mauvais ?

Il y a des années, j'ai été témoin d'une scène improbable qui m'a ouvert les yeux : peu importe que ce que les gens disent soit vrai ou faux – on peut même être parfaitement d'accord avec eux –, on ne peut, ou on ne veut, rien changer à son comportement.

J'étais encore à la fac et j'avais un copain scientologue. Curieuse de voir de plus près ce qui se passait dans cette secte, je l'ai accompagné à plusieurs réunions d'information. Dans l'ensemble, j'ai trouvé ça plutôt nul, et les tests de psychologie et de personnalité proposés pas plus convaincants que ceux des magazines féminins. Et quand j'ai annoncé que ça ne m'intéressait plus, aucun membre de la secte ne m'a harcelée par téléphone pour essayer de me convaincre de passer d'autres tests ou de suivre des cours.

Mais, un jour, j'ai surpris une conversation entre mon ami et un autre membre du groupe. Ce dernier l'avait coincé au moment où mon copain sortait de la kitchenette. J'ai bien vu qu'il aurait préféré éviter ce type en costume gris avec une épingle bleu argent au revers de sa veste...

J'ai entendu l'homme au costume demander à mon ami pourquoi il n'avait assisté à aucun cours ces derniers temps. Mon ami a essayé de se justifier : « Mon appartement, mes études, ma fille... Tout coûte si cher que je ne peux pas me payer de cours pour le moment.

– Ce ne sont que des prétextes, a rétorqué l'autre. C'est justement dans les moments difficiles qu'il faut éviter de se laisser aller. Tes valeurs ont tendance à décliner, elles aussi. Tu trouveras toujours une bonne raison de ne pas venir. Nous avions pourtant fermement décidé de ne plus nous retrancher derrière de mauvais prétextes pour renoncer à nos objectifs. Seuls les perdants trouvent toujours de bonnes raisons à leur échec. »

Mon ami a baissé la tête :

« Je sais que tu as raison.

– Je suis heureux que tu t'en rendes compte », a conclu l'homme en costume en lui tapotant l'épaule.

Il ne sert à rien de discuter avec des gens qui vous parlent de perdants et de gagnants – autrement dit avec des gens qui ignorent tout de la troisième blessure narcissique. Toute leur image du monde s'effondrerait s'ils apprenaient que l'influence que l'on exerce sur soi est nettement inférieure à ce qu'ils souhaitent. Si les gourous, les maîtres à penser et les responsables de sectes réussissent à exercer un tel pouvoir, c'est parce que l'amélioration de soi est un objectif que l'on n'atteint jamais. Il n'y a aucune raison de s'arrêter en plein parcours et de se contenter de ce que l'on a déjà obtenu. Ce qu'il faut en réalité, pour réussir à échapper à

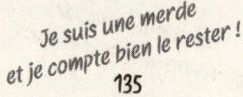

Je suis une merde
et je compte bien le rester !

cette « histoire sans fin », c'est ce que le type en costume de l'Église de scientologie a évoqué dans le dialogue reproduit ci-dessus : des prétextes !

Les prétextes nous aident à nous dérober à ce qui nous paraît raisonnable en théorie mais malheureusement irréalisable en pratique. Même si nous n'avons pas entièrement renoncé à notre projet de transformation personnelle, il nous arrivera souvent, avant d'accéder à la perfection, d'être contraints de justifier notre comportement coupable.

Dans ce genre de cas, il est insatisfaisant pour les deux parties de devoir renvoyer notre accusateur à un avenir indéfini, un avenir où « nous ferons tout, tout à fait différemment », et dans lequel nous pourrons nous retrouver en êtres humains plus accomplis. Après tout, c'est ici et maintenant que le problème se pose et que l'on a envie de le résoudre. (Cette observation vaut également pour les cas où accusateur et accusé sont une seule et même personne.)

Vivent les prétextes !
Sans eux, c'est l'impasse garantie.

Au lieu de multiplier les promesses auxquelles plus personne ne croit, il est plus efficace de donner une explication qui présente toutes les apparences de la logique et prouve que des puissances supérieures, évidemment incontrôlables, sont à l'œuvre.

Quand on s'engage dans de telles explications, il est essentiel que ceux à qui elles s'adressent aient l'impression que l'on cherche sincèrement à comprendre l'origine du problème. Les mesures que l'on a l'intention de prendre pour y remédier resteront en revanche entourées d'un flou artistique. En effet, la nature même du prétexte est de s'en tenir à une prétendue recherche de causes, autrement dit de ne pas faire suivre les « prises de conscience » de la moindre action concrète. Il ne sera pas inutile de se faire passer pour vaguement naïf et un peu bête, car plus nous apitoyons notre interlocuteur, moins il s'irritera de notre inaction ultérieure.

Quelques prétextes en béton

Les meilleurs prétextes s'appuient sur des éléments courants de connaissance de soi que nous avons déjà mentionnés dans les chapitres précédents. Vous verrez, personne, ou presque, ne trouvera à redire à cette posture raisonnable et critique à l'égard de soi-même. Il y a cependant une grande différence entre croire ce que l'on dit et ne recourir à ce discours que pour arracher un minimum de répit à ceux qui exigent que nous fassions des progrès. Les vraies prises de conscience vous mettent au pied du mur, seuls les prétextes vous libèrent.

Les prétextes suivants sont tout aussi efficaces pour clouer le bec aux gens qui nous critiquent qu'à nous-mêmes.

– Votre entourage attend de vous une promotion professionnelle. Autrement dit, que vous cherchiez du boulot, que vous vous attaquiez à la prochaine étape de votre carrière ou que vous vous mettiez à votre compte : « Tu as parfaitement raison, c'est vrai, mais il y a en moi quelque

*Je suis une merde
et je compte bien le rester !*
137

chose qui m'en empêche, et il faut absolument que je mette le doigt dessus pour être en mesure de progresser. »

– Vous avez renoncé à un régime ou à un programme de fitness : « J'ai déjà essayé toutes les méthodes et aucune n'a fonctionné. À partir d'aujourd'hui, j'essaie une démarche sans contrainte ni discipline, et je vais bien voir ce qui se passe. »

– Vous aviez (encore) annoncé que vous alliez quitter votre chéri(e), et vous voilà aujourd'hui obligé(e) de justifier pourquoi vous ne l'avez toujours pas fait : « Je me suis rendu compte que je cherche constamment à faire évoluer les situations par la force. Je prends tout le temps de grandes décisions de principe parce que je veux tout changer. Pour une fois, je vais voir ce qui se passe quand je ne décide rien. »

– Vous n'êtes pas assez ambitieux, sur le plan professionnel comme dans votre vie privée : « J'ai récemment pris conscience qu'il y a dans ma tête une voix autoritaire qui n'arrête pas de me répéter : tu dois être le (la) meilleur(e) dans tous les domaines. C'est celle de mon père/ma mère. C'est à cause de lui/elle que je suis convaincu qu'il vaut mieux m'abstenir d'entreprendre quelque chose quand je ne suis pas sûr(e) de pouvoir le faire à la perfection. J'ai décidé de m'attaquer à cette influence déterminante qui remonte à ma petite enfance. »

– Vous ne participez pas assez activement aux tâches ménagères : « C'est marrant, le ménage a toujours été plus important pour ma mère qu'une conversation ou une activité familiale. En fait, je ne sais même pas à quel degré de propreté j'aspire vraiment. J'ai décidé de définir mes propres critères dans ce domaine. »

– On attend de vous davantage d'attention et d'intérêt. Sur ce coup-là, vous allez avoir du mal à vous en tirer en répondant que vous avez l'intention de vous mettre à l'écoute de vous-même pendant des mois, voire des années, pour définir ce que vous pensez de l'attention qu'il faut porter aux autres. Votre interlocuteur n'aura sans doute pas la patience d'attendre les résultats de cette introspection... En général, dans cette situation, chacun se dérobe en renvoyant à toutes les autres résolutions auxquelles il a l'intention de s'attaquer : « Tu m'avais bien dit qu'il fallait que j'envoie plus de candidatures/que je coure plus régulièrement/que je m'occupe davantage de moi/que je lise plus/que je médite, etc. »

Attention : si quelqu'un accompagne ses reproches d'une analyse toute faite des motifs de votre comportement fautif, inutile de recourir à des prétextes. Si votre conjoint vous déclare, par exemple : « Si tu ne te mets pas à la recherche d'un nouveau boulot, c'est parce que tu as peur de la réussite », surtout, refusez le débat. Mieux vaut être clair : « Non, je n'ai pas peur de la réussite, je n'ai juste pas envie de chercher un nouveau boulot, un point, c'est tout. » Une réponse imparable !

Mais il existe aussi des prétextes reconnus par la société, que de prétendus experts mettent tous les jours à notre disposition, qui nous déchargent de toute responsabilité à l'égard de nous-mêmes et nous rendent ainsi notre faculté d'action : les horoscopes.

Une femme née sous le signe des Poissons apprendra ainsi sur un forum d'astrologie qu'elle ne peut pas se passer

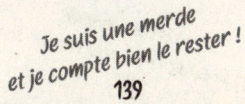

de l'amour d'un homme : si la femme-Poisson n'est pas aimée, elle est triste – c'est la rubrique *La femme-Poisson et l'amour* qui le dit. Pareille lecture inspire, qu'on le veuille ou non, un certain soulagement. En fait, je n'y peux rien, se dit la femme-Poisson, c'est la fatalité et je ferais mieux de m'y résigner. Elle comprend soudain qu'en réalité elle peut très bien vivre avec cette « fatalité » parce que, si elle n'est pas responsable de ses sentiments, elle n'a plus à se les reprocher : ce sont les astres qui l'obligent à harceler au téléphone un homme qu'elle n'aime plus depuis longtemps, c'est à cause de l'heure de sa naissance que sa vie ne vaut rien dès qu'elle n'a plus d'amoureux. Même si le dernier guide de coaching qu'elle a acheté lui explique qu'elle doit développer ses propres centres d'intérêt pour pouvoir s'y raccrocher quand une relation prend fin...

Certains apprendront grâce à leur signe astrologique qu'ils ne manquent pas d'idées, mais qu'ils ne sont pas très forts pour mener leurs projets à bien. Un autre aura du mal à assumer ses responsabilités, un autre encore à s'imposer. Un autre résistera difficilement à l'appel de la chair... On peut d'ailleurs repérer en soi tous les doutes, toutes les failles et tous les défauts énumérés dans la totalité des signes du zodiaque. Ce n'est pas étonnant, après tout, puisque nous possédons tous, cela va sans dire, les caractéristiques de l'ensemble du zodiaque ; simplement, leur prégnance est plus ou moins forte, nous expliquent les astrologues.

Depuis 5 000 ans, les hommes demandent au ciel de les décharger de leurs responsabilités à l'égard d'eux-mêmes.

Je suis une merde et je compte bien le rester !

Les prétextes vous permettront de vous tirer d'affaire jusqu'à la fin de vos jours. Vous pouvez les utiliser pour votre propre compte ou les inventer pour que les autres vous fichent la paix. Les prétextes mystiques, comme ceux qu'offre l'astrologie, sont les plus pratiques, parce qu'ils vous incitent à vous résigner aux éléments de votre personnalité qui résistent à toute tentative de changement.

Les explications psychologiques de vos défauts ont la même utilité, à cette différence près que l'aura scientifique qui les entoure pousse beaucoup de gens à exploiter la connaissance de soi acquise au cours d'une psychothérapie pour essayer, malgré tout, de modifier certaines caractéristiques personnelles qui ne leur plaisent pas. Les psychologues encouragent généralement ces efforts – après tout, c'est leur gagne-pain –, mais n'importe quel professionnel expérimenté admettra que, s'il est effectivement possible d'expliquer des choses sur soi-même et si ces explications peuvent aider certains à admettre leurs défauts, ils sont encore loin d'en être débarrassés.

Toutefois, avant de prendre ses propres prétextes trop au sérieux, il faut veiller à mettre de temps en temps les points sur les i, de crainte de finir par se convaincre soi-même que, avec un minimum de travail et d'autodiscipline, on devrait pouvoir venir à bout de ses mauvaises habitudes. Il est parfois utile que votre entourage sache la vérité sur vos travers, car il peut être franchement pénible de passer son temps à éluder toutes les exigences que l'on essaie de vous imposer.

À un moment ou à un autre, on ne veut plus que les autres nous fichent la paix, mais plutôt qu'ils nous comprennent !

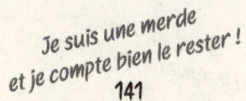

Je veux que mes amis sachent que je n'ai pas envie de faire ceci ou cela, et que je n'ai pas la force de renoncer à telle ou telle habitude. Que j'ignore pourquoi j'exaspère mon entourage, mais que je n'ai aucune envie de le savoir. Que les amis de mon partenaire me tapent sur les nerfs, bien qu'ils ne m'aient rien fait. Que mon partenaire me tape lui aussi sur les nerfs, bien qu'il ne m'ait rien fait. Que je me trouve atroce, mais que je n'éprouve pas le besoin de changer quoi que ce soit chez moi. Que je ne vois aucune raison de me réjouir de la vie que je mène, des possibilités qui s'offrent à moi, ni même de cette belle journée. Que je préfère gaspiller les années qui me restent à vivre plutôt que de les employer intelligemment.

Peut-être devrions-nous d'ailleurs renoncer à l'idée qu'il existe au plus profond de nous un Moi plus pur, qui n'est qu'enseveli sous les décombres de notre passé. Un Moi qu'il convient de libérer en travaillant énergiquement sur nous-mêmes, pour pouvoir enfin mener une vie authentique et créative.

L'adulte autonome, heureux, affranchi de tous les traumas et de tous les doutes est une construction théorique, une chimère de l'industrie psychologique, et, donc de nous-mêmes, qui conduit les psys à conforter leurs patients comme mon ancienne logeuse dans leur narcissisme. Thérapeute et patient se rencontrent alors régulièrement pour travailler sur cette utopie. Ils ne font bien sûr de tort à personne – ne serait-ce que parce que la vie se charge de montrer à chacun à quel moment ses idées perdent tout contact avec la réalité –, ce qui ne les empêche pas d'être franchement usants. Le jour où ma logeuse, à force de se poster au bord des pistes cyclables pour emmerder les autres, se fera casser la gueule, elle y renoncera, avec ou sans les conseils de sa psychologue.

Peu importe que ce que je fais soit bon ou mauvais, ce qui compte, c'est de savoir si je peux me le permettre.

Il n'est pas de meilleure thérapie que la vie. Les gens maniaques au point que plus personne ne les fréquente finiront par se demander ce qui est le plus important pour eux – leurs habitudes ou la compagnie des autres. Quand l'obsession ménagère les empêchera de voir leurs amis, ils découvriront certainement tout seuls que leur comportement n'est pas pertinent.

Pourquoi ne pas faire confiance à notre intelligence ? Après tout, on est capable de définir assez bien ce que l'on peut se permettre ou non. Au boulot, à la maison ou avec ses amis.

Mais pourquoi se précipiter tout de même chez les gourous et les psys alors que la solution à nos prétendus problèmes est en nous ? Parce que nous sommes constamment en quête d'un raccourci pour accéder à notre Moi libéré. On trouve des témoignages de ces efforts pour atteindre l'utopie au plus vite sur YouTube, par exemple, où, au terme de je ne sais quels rituels de résolution de problèmes, des gens se tombent réciproquement dans les bras en pleurant et en riant.

Une de ces méthodes a connu une remarquable popularité il y a une trentaine d'années. C'est la PNL, ou programmation neurolinguistique. J'ai été invitée, il y a quelque temps, à découvrir en direct les résultats sensationnels qu'elle permet d'atteindre. Sur une estrade, un conseiller en PNL demandait à des volontaires de démontrer à l'assistance qu'il est possible de se débarrasser de ses problèmes les plus invalidants en un quart d'heure à peine. Il ne lui fallait qu'un fauteuil à roulettes. Une douzaine de personnes se sont présentées et, pendant deux heures, les cobayes se sont succédé sur le fauteuil, les yeux fermés sur ordre du conseiller, se concentrant au maximum sur leur problème. Quand ils avaient l'impression que leur souffrance atteignait une intensité maximale, ils devaient lever l'index droit. Ce qu'ils ont tous fait en sanglotant. Le coach les faisait alors pivoter à toute allure sur le fauteuil. Il les « dévissait » ainsi de leurs problèmes, a-t-il expliqué. « Visualise le fait que je te dévisse de ce conflit. Quand tu te relèveras de ce fauteuil et que tu repartiras, tu en seras débarrassé pour toujours », affirmait-il.

Les volontaires sont ensuite montés sur scène pour reconnaître, en pleurs, qu'ils n'avaient jamais rien vécu de tel et qu'ils constataient avec une reconnaissance éperdue que leur problème, qu'ils avaient cru insoluble, avait disparu.

J'ai décidé à ce moment-là qu'il existait dans la vie des choses plus importantes que le progrès, le bonheur et la satisfaction : ne pas me laisser mener en bateau par des inconnus.

J'ai passé trente ans à essayer

Qui saurait mieux vous dire s'il est possible de s'améliorer que ceux qui ont longtemps cherché à le faire ? Pour en avoir le cœur net, j'ai demandé à plusieurs personnes de plus de 60 ans s'il y avait chez elles des choses qu'elles auraient bien voulu changer et à quel moment elles y avaient renoncé.

CLAUDIA, 67 ANS, PROFESSEUR D'ALLEMAND

« J'ai toujours rêvé de mener une vie bourgeoise bien réglée, et d'avoir un mari riche. Un ex m'a dit que, pour faire la connaissance d'un type comme ça, il faudrait que je sois plus sympa, que j'arrête de me moquer tout le temps des hommes, parce qu'ils n'apprécient pas ça. Ma meilleure amie m'a conseillé de m'habiller mieux, d'être plus séduisante. J'ai essayé de suivre ces deux conseils, bien malgré moi, me demandant pendant combien de temps j'allais devoir faire semblant d'être une autre. Un jour, deux jours ? Plus longtemps, ce n'était même pas la peine d'y penser ! L'idée de devoir faire semblant pendant toute une vie conjugale m'est insupportable. Un jour ou l'autre, il faut redevenir naturelle, non ? Et arrêter de passer mon temps à réfléchir à tout ce que je dis et à tout ce que je fais. De toute façon, ça n'aurait pas marché, parce que je fais fuir ce type d'hommes : ils sentent bien que ça ne collera pas entre nous, si aimable et élégante que je puisse être.

« Depuis, j'ai appris par mes amis à quoi ressemble une vie conjugale de ce genre, comment les choses se passent dans ces milieux dits huppés... Et je suis bien contente d'y avoir échappé ! »

Je suis une merde
et je compte bien le rester !

SYBILLE, 73 ANS, JOURNALISTE À LA RETRAITE

« Toute ma vie, j'ai essayé d'être moins bavarde. Mes parents me taquinaient déjà quand j'étais toute petite, parce que je parlais tout le temps. "Quel moulin à paroles !", "Où est le bouton off ?"... J'entendais ça tout le temps. C'était un thème récurrent : je parlais trop. Dans les dîners et les fêtes, j'admirais ceux qui réussissaient à se faire tout petits et à ne rien dire de la soirée. Le silence est d'or, dit-on, et j'étais convaincue que ces gens silencieux étaient mystérieux et incroyablement profonds, et que, quand ils prenaient la parole, il fallait les écouter attentivement, car tout ce qu'ils disaient était d'une sagesse insondable.

« Non contente d'être bavarde, j'étais une fille, ce qui aggravait encore mon cas, car les femmes qui jacassent sans discontinuer (c'est ce que disait mon père) sont indéniablement ce que l'on peut imaginer de moins sexy. Ado, comme je voulais être féminine et désirable, j'ai pris la résolution de ne pas prononcer un seul mot de toute une semaine, même en classe, et de ne m'exprimer qu'en cas d'extrême urgence. Je n'ai tenu que deux jours, ce qui m'a littéralement accablée.

« Depuis, j'ai pris conscience que, si les gens silencieux ne disent rien, c'est parce qu'ils n'ont rien à dire. Le mystère s'arrête là. Si le silence est d'or, c'est du plaqué. »

IRIT, 70 ANS

« Il existe une catégorie de gens instruits et arrogants qui prennent les autres de haut. Quand j'en rencontre, je suis attirée par eux malgré moi, alors même qu'ils me montrent clairement qu'ils ne s'intéressent pas à moi. C'est plus fort

Je suis une merde et je compte bien le rester !

que moi. Je veux qu'ils m'acceptent, qu'ils apprennent à me connaître, qu'ils découvrent combien je suis intelligente et bien élevée.

« Mais ils ont l'air de le sentir et refusent de me donner ma chance. Ce serait pourtant si simple de leur dire que mon fils est ambassadeur d'Israël pour qu'ils me considèrent d'un autre œil. Mais je suis trop orgueilleuse pour ça, et puis, ce serait trop facile. Je veux qu'ils m'acceptent pour moi-même. Ce besoin maladif m'a toujours exaspérée. Et même quand je donne l'impression d'avoir laissé tomber et que je discute avec d'autres personnes, toute mon attention reste focalisée sur ceux qui ne veulent pas me parler.

« Je me suis récemment rendu compte que cette pression était moins forte, et qu'elle avait même presque disparu. Je l'explique facilement : j'ai vieilli et, avec l'âge, ce genre de choses perd de l'importance. À 70 ans, je sais qui je suis et je n'ai plus rien à prouver à personne. »

DAVID, 71 ANS

« Autour de moi, tout le monde répète que je devrais faire du sport. Que c'est important à mon âge. Je n'ai jamais fait de sport, je n'ai jamais réussi à me convaincre d'en faire. Pourtant, quand j'ai appris que mes frères Albert et Eli fréquentent une salle de gym trois fois par semaine, je me suis dit qu'il fallait que je réagisse. Je me suis inscrit avec ma femme. Pendant six semaines, je me suis forcé à être assidu et, chaque fois, j'étais terriblement soulagé quand c'était fini et que je me retrouvais dans les vestiaires. Pendant toute la séance, je ne quittais pas l'horloge des yeux, je trouvais ça interminable. Et je savais que je ne me ferais

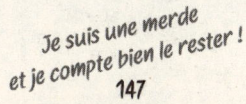

Je suis une merde et je compte bien le rester !

jamais à ce supplice. La simple odeur de transpiration des cabines, le couinement des chaussures de sport sur le sol des salles, les halètements et les ahanements des autres – tout me répugnait. Un ami m'a conseillé le running, mais, honnêtement, courir sans raison autour du pâté de maisons en tenue de sport, je trouve ça ridicule.

« J'ai laissé tomber. Définitivement. Jusqu'à la fin de mes jours. »

KARSTEN, 84 ANS, CONSERVATEUR À LA RETRAITE

« Je suis impatient et j'ai horreur des imbéciles. C'était déjà le cas à l'école primaire. Du coup, on m'a souvent reproché d'être arrogant. Ça m'a toujours blessé, parce que, évidemment, ce n'est pas un compliment. J'ai cherché toute ma vie à éprouver plus de tolérance pour les gens moins intelligents que moi. À faire preuve de patience à leur égard, malgré leur lenteur et leur bêtise. Je n'y arrive pas.

« J'ai essayé de me dire que tous les hommes ne sont pas égaux, que moi aussi je suis nul dans certains domaines, et que ces gens possèdent peut-être des talents que je n'ai pas. Ça n'a servi à rien : je ne les supporte pas, ils me tapent sur le système.

« J'ai donc cessé d'être aimable avec eux. Aujourd'hui, je les évite, ça vaut mieux. »

Répondez à ces questions, si ça vous dit :

Pensez-vous que les autres ont moins de mal que vous à se supporter ?

Oui

Jugez-vous important d'être en accord avec tout ce que vous faites, dites et pensez ?

Oui

Vous ne croyez absolument pas à l'astrologie, mais vous êtes soulagé quand vous lisez que l'on attribue à votre signe du zodiaque un défaut que vous reconnaissez en vous ?

Oui

Aimeriez-vous avoir un avis d'expert sur un certain nombre de vos traits de caractère pour savoir s'ils sont normaux ou pathologiques ? À quel genre d'expert songez-vous ?

Oui

Faites-vous davantage confiance aux conseils d'un psychologue qu'à ceux de vos amis ?

Oui

Trouvez-vous que vous devriez prendre le temps de réfléchir sérieusement sur vous et sur votre vie ?

Oui

Je suis une merde
et je compte bien le rester !
149

Pensez-vous que grâce à une thérapie adaptée vous pourriez être autrement ?

Oui

Pensez-vous posséder un certain nombre de talents cachés que vous ne pouvez pas exploiter en raison de circonstances défavorables ?

Oui

Acceptez-vous plus facilement les expériences désagréables de votre passé quand vous avez l'impression qu'après tout, elles n'ont pas été complètement inutiles ?

Oui

Je suis une merde
et je compte bien le rester !
150

6.
Vous êtes beaucoup trop bien pour tous ces pauvres types

Pourquoi l'optimisation personnelle n'a pas sa place en amour

À 30 ans, le mathématicien américain John Fobes Nash a été atteint de psychose schizophrénique. Son état mental a mis presque trente ans à se stabiliser. En 1994, il a obtenu le prix Nobel d'économie, un événement sensationnel, car il n'existe pas de prix Nobel de mathématiques. L'équation de Nash a révolutionné la théorie du jeu, permettant de prédire le comportement concret d'individus dans différents contextes économiques et sociaux.

La schizophrénie est venue s'ajouter aux dons exceptionnels de ce mathématicien. Il n'est pas exclu que cette maladie, qui a indéniablement empoisonné de précieuses années de son existence, ait en même temps favorisé ses aptitudes peu communes. Les schizophrènes ont en effet des facultés que les autres ne possèdent pas : ils sont capables d'assimiler simultanément de nombreuses informations, sans les avoir triées au préalable selon leur importance.

Un des principaux tours de force du cerveau consiste en effet à maintenir une ligne de pensée et d'action parfaitement claire. Cela impose de réprimer certains stimuli environnementaux et d'en favoriser d'autres. Par exemple, les pleurs d'un bébé ou une odeur de brûlé sont plus importants que les bavardages et les rires d'inconnus assis derrière vous dans le bus. Dans les phases aiguës de schizophrénie, cette fonction cérébrale est perturbée, le cerveau est bombardé d'informations et le malade est incapable de porter son attention sur un élément précis. Tout devient soudain significatif – même l'accessoire.

On peut imager ce que cette surabondance de stimulations provoque dans la tête d'un génie. Il est soudain capable d'établir des associations qui ne viendraient jamais à l'esprit d'un non-schizophrène, car 90 % de ce que nous percevons est trié par nos filtres cérébraux et ne parvient même pas au seuil de notre conscience.

Les descriptions faites par de nombreux schizophrènes ont montré que cette accumulation de stimuli peut donner l'impression que la réalité est étrangère et factice. Et le malade cherche des explications à cette impression troublante. Ces explications, que l'on appelle « formation délirante », s'inscrivent donc dans une tentative parfaitement compréhensible pour mettre de l'ordre dans ce chaos d'impressions et de pensées incohérentes. En cherchant à rétablir la normalité dans sa tête, le schizophrène élabore ce qui paraît délirant à un observateur extérieur.

John Nash lui-même a dû trouver une explication à l'importance que prenait soudain le moindre détail de son environnement : le passant qui le croisait sans le saluer, un bout de papier qui traînait par terre dans le couloir de son université, la composition du menu au resto U, une

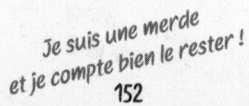

Je suis une merde et je compte bien le rester !

petite annonce dans le journal, un message publicitaire à la radio, les pigeons qui se promenaient sur le campus, la position de ses stylos sur son bureau. Tout ce qu'il voyait et entendait devait être replacé dans un contexte significatif, comme autant de messages secrets qui lui auraient été adressés. Partout, il repérait des dessins complexes, des mouvements d'essaims, des structures polymorphes. Dans son délire, il a fini par se convaincre qu'il était chargé par le gouvernement américain de décrypter des codes secrets d'agents soviétiques...

Les schizophrènes cherchent ainsi à établir des schémas capables de justifier leur image du monde, un comportement qui n'a évidemment aucun sens pour ceux qui ne souffrent pas de ce trouble. Et encore moins pour les nuls en maths, incapables de tirer le moindre bénéfice d'une telle situation.

De nombreuses personnes sont pourtant invitées quotidiennement à établir des liens tout à fait exagérés entre le comportement des autres et le leur et à repérer des rapports là où il n'y en a pas. Ces connexions ne figurent pas dans les manuels d'agents secrets, mais dans les livres de coaching amoureux et les revues féminines, qui s'emploient à répandre des délires schizophrènes, commentés par des lecteurs et des lectrices enthousiastes – les femmes étant habituellement plus réceptives à ces délires sur les modèles qui régissent leur vie, parce que les hommes, traditionnellement, se sentent moins concernés par les problèmes de relations. Ces femmes ont enfin trouvé une explication au foutoir qui règne dans leurs relations avec autrui, écrivent-elles dans les courriers des lecteurs et sur les forums Internet. Elles ont enfin compris les véritables liens de cause à effet qui se dissimulent derrière une rupture ou un quiproquo.

Plus ils sont répétés, plus ces thèmes gagnent en popularité. Cela ne prouve pas leur véracité pour autant.

Essayons d'analyser l'une de ces prétendues évidences.

Ouvrez n'importe quel magazine féminin et cherchez un article consacré au sujet : « Tombez-vous systématiquement sur l'homme qui ne vous convient pas ? » Presque tous les numéros abordent cette question. On vous y explique que, si vous tombez systématiquement amoureuse d'hommes qui vous plaquent ou avec lesquels votre vie se transforme en cauchemar après les premiers moments d'extase, la malchance n'y est sans doute pour rien. Il est fort possible, prétendent les spécialistes, qu'un schéma comportemental remontant à votre enfance, et dont vous n'avez évidemment pas encore pris conscience, soit responsable de cette succession d'échecs sentimentaux.

On vous explique ensuite comment identifier ce schéma d'enfance et comment vous en débarrasser. Autrement dit, comment éviter, en travaillant sur votre passé, les échecs récurrents de vos relations afin que le véritable amour, l'amour avec un grand A, devienne enfin une réalité.

Le problème, c'est que le point de départ de ces articles n'est qu'un mythe pour la plupart d'entre nous : personnellement, je connais peu de femmes qui aient connu un nombre d'échecs amoureux suffisant pour que l'on puisse y déceler un schéma récurrent. Mais puisque, de toute évidence, une femme moderne est censée enchaîner les relations, je dois

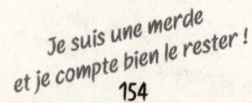
Je suis une merde
et je compte bien le rester !

en conclure qu'il y a quelque chose qui cloche chez moi, moi qui ai du mal à trouver ne fût-ce qu'un seul mec. Toutefois, puisque l'on est convaincu d'avoir une vie conforme à ce mythe ou, plus exactement, qui devrait s'y conformer, on poursuit sa lecture, et voici ce que l'on apprend : les hommes sur lesquels nous jetons systématiquement notre dévolu ont beau être d'aspects très différents, ils n'en partagent pas moins un point commun : ils sont attirés par la force secrète de notre schéma d'enfance ignoré. Ils s'adaptent parfaitement à ce problème contre lequel nous luttons en vain depuis toujours.

Que nous entraînions dans notre lit le macho séduisant, l'homme d'affaires sérieux ou l'éternel étudiant juvénile, nous nous efforçons inlassablement de rejouer un drame irrésolu, de le remettre en scène, même s'il nous fait souffrir.

Des milliers et des milliers de femmes se reconnaissent dans de telles descriptions. Elles ont déjà presque toutes discuté avec leurs copines de leur tendance irrépressible à reproduire constamment les mêmes modèles. Les mères en parlent à leurs filles et réciproquement, les collègues se font des confidences à la pause déjeuner, les psychologues expliquent tout ça à leurs patientes, les journalistes consacrent des articles à ces étranges corrélations en les agrémentant d'exemples empruntés à leur cercle de connaissances : un schéma, nourri par notre enfance malheureuse, détermine notre comportement actuel et, parmi les centaines de types sympas, généreux et libres de notre entourage, qui nous respectent, nous aiment et nous admirent, ce maudit schéma nous conduit à choisir le seul imbécile égocentrique et totalement déséquilibré. Avec une assurance aveugle, nous choisissons, encore et toujours – c'est-à-dire approximativement entre trois et huit fois en l'espace d'une vie – le mec le plus encombré de complexes d'infériorité, alors que nous n'accordons pas un regard aux types souverains et sûrs d'eux.

Les lectrices de ces articles ne semblent pas s'inquiéter de constater que, en général, les compagnons de leurs amies ne valent pas mieux que le leur, et que la plupart des célibataires se plaignent de ne rencontrer que très rarement des hommes qui leur plaisent vraiment. L'explication tombe sous le sens : leurs amies sont elles-mêmes poursuivies par leurs propres schémas d'enfance toxiques. Si elles pouvaient s'en débarrasser, elles seraient enfin délivrées du sortilège, et d'autres hommes pourraient s'approcher d'elles. Elles les reconnaîtraient immédiatement et pourraient enfin donner une chance au « véritable amour ».

Voilà comment les femmes se voient condamnées à travailler sur elles et sur leur aura, simplement parce que le caractère et le comportement des hommes ne leur plaisent pas. C'est à s'arracher les cheveux.

À ta place, je n'accepterais jamais ça

Connaissez-vous ce jeu de société populaire : entre amis, on invite quelqu'un à établir un lien entre le comportement de son partenaire et sa propre estime de soi. « Si j'étais toi, je n'admettrais jamais un comportement pareil, disent-ils. Pourquoi acceptes-tu ça, alors que rien ne t'y oblige ? »

Des circonstances extérieures, telles que le lieu de résidence ou l'emploi de votre partenaire, doivent impérativement entretenir, elles aussi, un lien mystérieux avec votre propre déficit psychologique : « Ton nouveau mec habite à 500 bornes de chez toi ? Tu souffres sûrement d'une angoisse de proximité. »

Chacun est convaincu d'accepter beaucoup moins de compromis dans ses relations que la plupart des autres, et en tire une certaine fierté : « Moi, je ne me mettrais jamais dans une merde pareille, c'est sûr. J'ai bien trop d'amour-propre pour ça. Je préfère encore fixer des limites et faire une croix sur certaines relations. » Chacun méprisant l'autre pour ses faiblesses...

Il faut, dès que possible, se dérober à ce jeu auquel il est impossible de gagner. Méfiez-vous comme de la peste de ce genre de phrases :

– Ton mec couche avec d'autres hommes ou d'autres femmes ? Moi, je ne tolérerais jamais ça !

– Vivre avec quelqu'un qui n'a pas d'ambition ? Très peu pour moi, et je m'étonne que tu t'en contentes.

– Ton mec est un maniaque du boulot et il n'est presque jamais à la maison ? Franchement, j'ai d'autres exigences que toi en matière de relations.

– Vous avez deux gamins et ton conjoint ne participe pas aux tâches ménagères ? Je n'accepterais jamais ça du mien.

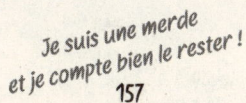
Je suis une merde et je compte bien le rester !

– Ton partenaire vit dans une autre ville et refuse de changer de boulot pour toi ? Je ne savais pas que tu appréciais les relations à distance.

Le plus étonnant, c'est que ces redresseuses de torts entretiennent le plus souvent elles-mêmes des relations amoureuses exécrables. L'ami de l'amie qui n'accepterait jamais de vivre avec un homme qui ne met pas la main à la pâte pour les tâches ménagères suit régulièrement des cures de désintoxication. Celui à qui son amie ne permettrait jamais de coucher avec d'autres types ne couche même pas avec elle. Mais ces femmes n'y peuvent rien – ça s'est passé ainsi dans leur couple, voilà tout. Un hasard, qui n'a rien à voir avec leur propre comportement. Les autres, en revanche, ont indéniablement du souci à se faire et feraient bien de se demander pourquoi elles se retrouvent encore et toujours avec des abrutis.

Le fait que beaucoup de gens ne soient pas vraiment heureux dans leur couple n'en dit-il pas plus long sur notre société et sur l'impossibilité de satisfaire les besoins et les désirs humains que sur les problèmes psychologiques des individus eux-mêmes ?

Admettons quand même, juste pour voir, que telle ou telle personne qui travaille d'arrache-pied sur elle-même réussisse à s'affranchir de ces prétendus schémas et contraintes du passé dont elle était prisonnière. Où va-t-elle trouver comme ça, en deux coups de cuillère à pot, tous ces types formidables avec lesquels elle va pouvoir vivre le

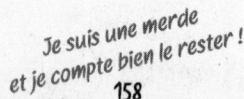

Je suis une merde
et je compte bien le rester !

« véritable amour » ? Où se trouvent-ils ? Où se planquent-ils en attendant que nous ne soyons plus « névrosées » ? Avec qui vivent-ils pendant qu'environ 80 % des femmes travaillent sur elles-mêmes pour être enfin dignes d'eux ?

Ne serait-il pas plus logique de supposer que, si les femmes et les hommes tombent souvent sur des gens compliqués et nuisibles, c'est parce que la majorité des gens sont compliqués et nuisibles ? Et une fois libérées, ne faut-il pas nous attendre à être encore plus seules qu'avant, au milieu de tous ces gens enfermés dans leurs schémas ?

Loin de nous permettre d'avancer, se demander « Pourquoi a-t-il fallu que je tombe, une fois de plus, sur un type pareil ? » crée de nouveaux problèmes là où il n'y en avait pas. Faut-il vraiment transformer un phénomène universel en problème personnel, pour préserver l'illusion qu'en travaillant sur nous-mêmes nous pourrions introduire l'amour dans notre vie ? Werner Katzengruber, qui a étudié la psychologie aux États-Unis et en Suisse dans les années 1980, spécialiste du comportement et de la communication et qui a signé plusieurs ouvrages spécialisés, déclare : « De vraies tendances se dégagent des études sur les obstacles à une relation épanouie. Prenons un exemple typique : une femme qui ne se sent pas aimée par son partenaire. Elle commence à rechercher des causes et, dans les années 1980, il était à la mode de supposer que, dans son enfance, on avait été victime d'abus sexuels, refoulés ensuite, et qui rendaient incapable de recevoir ou de donner de l'amour... »

Un traumatisme infantile qui empêche que ça « marche » en amour : voilà qui vous place devant une tâche aussi difficile que colossale, car chacun sait que les expériences de l'enfance vous marquent définitivement et ne se surmontent pas sans mal. Venir à bout de ce fardeau biographique mobilise énormément de temps et de force, ainsi que de moyens financiers. Quant à savoir si la vie en devient plus facile et les relations plus romantiques, la question reste ouverte.

D'ailleurs, les psys sérieux n'en savent rien, eux non plus. Une psychologue et psychothérapeute que j'ai interrogée et qui a préféré garder l'anonymat m'a confié qu'elle n'en peut plus d'entendre 95 % des femmes lui parler de leurs problèmes de couple – pendant de longues années et sans que ça évolue d'un pouce. Et les cabinets de thérapie conjugale affichent complet... La conviction de ne pas correspondre à un amour romantique idéal fait courir une foule de gens deux fois par semaine chez le psy pour soigner leur insuffisance.

Ce qui met tant de gens en difficulté ne peut plus être un obstacle individuel. Ne s'agit-il pas plutôt d'un problème social ? Pour Eva Illouz, notre manière d'aimer ou de ne pas aimer dépend des conditions sociales dans lesquelles nous vivons. La sociologue ne s'intéresse pas aux problèmes amoureux individuels, mais s'interroge sur ce que la majorité des hommes et des femmes pensent de l'amour et du bonheur, du romantisme et de la vie à deux. Elle cherche à comprendre comment ces idées se sont imposées à eux.

L'analyse de journaux et de magazines féminins, de romans, de films, de séries télé, ainsi que de nombreux entretiens, lui inspire la constatation suivante : « Autrefois, la rupture

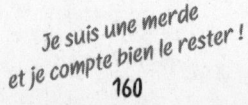

Je suis une merde
et je compte bien le rester !

d'une promesse amoureuse était condamnée comme une faute morale. Aujourd'hui, c'est l'inverse : on sanctionne l'immobilisme, l'absence d'évolution, masqués sous de pathétiques tentatives d'optimisation personnelle. Comme nous devons prendre intégralement en charge notre position dans le monde, nous sommes moins sûrs de nous et plus vulnérables que jamais... »

Aujourd'hui, nous devons nous préparer à l'amour et nous rendre dignes d'une relation réussie en accomplissant un dur travail sur nous-mêmes. Nous devons faire le ménage dans notre psyché, aller fouiller au fond de notre enfance, analyser et éliminer nos schémas comportementaux avant de pouvoir vivre l'amour. Même une séparation doit nous apporter quelque chose de positif : elle doit nous faire évoluer, nous devons en tirer des enseignements pour l'avenir avant de nous mettre en quête d'un nouveau partenaire – qui soutienne avec encore plus d'énergie notre projet de développement personnel.

Et si une séparation ne contribue pas à mon amélioration personnelle ? Si je n'ai rien appris de mon ancienne relation et que j'ai simplement l'impression d'être une merde ? Et si mon prochain partenaire est encore pire ? Je fais quoi ?

QUESTION : AVEZ-VOUS ENVIE D'AVOIR CETTE FEMME PARFAITE POUR AMIE ?

J'ai trouvé un jour dans une revue féminine un test de personnalité portant sur la capacité relationnelle. Quand on cochait les réponses considérées comme « justes », on se voyait attribuer approximativement le profil ci-dessous.

Je suis une merde
et je compte bien le rester !

À vous de juger si vous supporteriez d'avoir une amie aussi parfaite.

« Vous savez faire face aux ruptures et aux séparations. Même si vous souffrez, vous êtes toujours capable de positiver. Ce n'est pas parce qu'une relation amoureuse ou une amitié risque de ne pas durer éternellement que vous hésitez à vous y engager. Vous y mettez toujours tout votre cœur. En même temps, et c'est l'une de vos plus grandes qualités, vous abordez les éventuels différends avec impartialité et objectivité. Si votre amoureux vous plaque, vous lui demandez pourquoi. Votre intérêt est sincère : vous ne cherchez pas à l'accuser, mais à le comprendre. Vous êtes-vous mal comportée ? Avez-vous blessé votre mec – sans le vouloir ?

« Quand vous cherchez à analyser la situation avec lui, ce n'est évidemment pas pour le convaincre de se remettre avec vous, mais pour tirer les leçons de la situation et éviter de la reproduire avec un autre.

« Vous avez la chance inouïe de faire partie des êtres qui voient toujours et partout le côté positif des choses. Vous maîtrisez votre vie professionnelle aussi efficacement que votre vie privée. Par exemple, si votre chef ou un client vous critique, vous écoutez ses reproches avec un réel intérêt et en tirez lucidement les leçons qui s'imposent. Il n'est pas impossible, en effet, que votre travail ait manqué d'originalité ou que quelque chose vous ait échappé.

« Grâce à cette attitude optimiste et critique à l'égard de vous-même, trouver l'homme de votre vie, celui qui se jettera à vos pieds, n'est qu'une question de temps. Vous l'avez bien mérité ! »

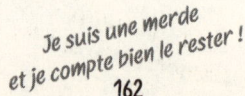
Je suis une merde
et je compte bien le rester !

N'obtenir que rarement ce que nous voulons malgré nos efforts perpétuels ne peut que nourrir notre insatisfaction. Mais attention : jamais quelqu'un d'insatisfait ne trouvera chaussure à son pied ! Il faut absolument découvrir, et sans tarder, les tuyaux et les recettes permettant de venir à bout de cette frustration qui nous empêche de nouer des relations. Et bien sûr, il n'est pas question d'avouer que c'est précisément l'absence de relations, ou leur médiocrité, qui suscite notre insatisfaction. Faire dépendre son bonheur d'autrui, c'est franchement nul.

Enfin, n'importe quel magazine féminin vous le dira, pour être heureux en amour, il faut d'abord apprendre à être heureux tout seul. Mais comme quelqu'un qui a très envie de vivre une relation amoureuse n'est pas heureux seul, c'est un cercle vicieux. Chercher à résoudre ce paradoxe vous inflige un immense sentiment de culpabilité et une nuée de complexes d'infériorité, sans vous apporter le moindre mec.

Personne ne devrait avoir l'inconscience d'admettre que c'est à l'amour qu'il aspire de toutes ses forces.

Le monde dans lequel nous évoluons nous exhorte à être indépendants. À être capables d'accéder tout seuls au bonheur. Et si c'est impossible, une solution s'impose : travailler sur nos sentiments.

Il convient donc de se demander sérieusement si notre éternelle insatisfaction vient « vraiment » de notre boulot minable, ou si ce sont nos « pathétiques tentatives d'optimisation personnelle », dont parle Eva Illouz, qui en sont responsables. En tout état de cause, l'affaire se corse, et les obstacles à surmonter sur la voie du « véritable amour » se font de plus en plus nombreux et de plus en plus redoutables.

C'est pourtant si simple : tout le monde veut être aimé et accepté, ici et maintenant, sans condition, immédiatement et pour toujours. Or, nous ne pouvons pas – et nous le savons bien au fond de nous-mêmes – obtenir de notre entourage ce que nous désirons avec tant d'ardeur. Et comme nous ne supportons pas cette vérité prosaïque, nous compliquons à loisir les liens de cause à effet.

Le romantisme idéal, un oxymore

Beaucoup de gens rêvent d'amour romantique alors qu'ils ne savent même pas ce qu'est le romantisme. Une chose est sûre : vouloir accéder à l'amour par le travail sur soi n'a rien, mais alors vraiment rien d'une idée romantique. Le romantisme ne répond à aucune règle : il marque le triomphe de l'individu imparfait sur la collectivité. L'amour romantique est imprévu et arrive systématiquement quand on ne l'attend pas. Il contrarie les projets de vie et les plans de carrière. Ce qui est vraiment romantique, c'est que l'amour entre deux êtres ébranle les conventions sociales et que, envers et contre tout, les amoureux restent unis, quitte à être mis au ban de la société. Mais ce n'est pas eux qui choisissent de subir cette épreuve, c'est elle qui s'impose à eux. L'amour leur « tombe dessus », ils ne le cherchent pas.

En outre, aucun amour romantique ne résiste à une réflexion raisonnable. Il met en péril tout ce que l'on a acquis péniblement – situation sociale, biens, etc. –, parce qu'il nous fait prendre conscience de l'insignifiance de tous ces éléments extérieurs. Au nom de l'amour, nous voilà prêts à renoncer à tous nos privilèges. Et jusqu'à notre propre vie, à l'image de Roméo et Juliette, les héros de la plus célèbre histoire d'amour du monde. À une différence près : dans nos histoires modernes, ce ne sont pas des obstacles extérieurs qui séparent les amoureux, il n'y a pas de différences de classe sociale à surmonter, pas de tabous à briser pour qu'un homme et une femme, un homme et un homme, ou une femme et une femme puissent se retrouver. Les obstacles à éliminer sont internes, ils sont en nous. Que ce soit dans le cabinet d'un psy ou dans une salle de sport, nous cherchons à nous adapter aux normes et à nous défaire du Moi mauvais et malheureux qui entrave notre quête du partenaire idéal. Nous cherchons à acquérir une meilleure position sociale afin d'accroître notre pouvoir de séduction, ce qui nous permettra d'exiger une contrepartie appropriée.

Au lieu de céder à nos sentiments, comme chez Shakespeare, nous cherchons à les contrôler. Car seuls les êtres forts, indépendants, qui assument la responsabilité de ce qu'ils éprouvent, ont une chance d'établir une relation avec un partenaire digne de ce nom.

L'histoire d'amour moderne est une histoire d'adaptation remportée de haute lutte.

Si les gens savaient ce qu'est le romantisme,
ils n'y aspireraient pas.

Un grand hebdomadaire allemand a publié des portraits de couples qui prétendent vivre une relation amoureuse harmonieuse. J'ai trouvé parmi eux un jeune couple moderne, convaincu de faire un parcours sans faute : mari

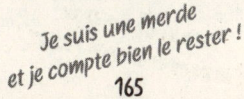

Je suis une merde
et je compte bien le rester !

et femme dirigent chacun leur boîte, ils bossent beaucoup tous les deux, ils aiment leur travail et réussissent bien dans leur métier, ils ont deux enfants, un garçon et une fille. Pour pouvoir concilier toutes ses obligations professionnelles et familiales, ce couple a défini un certain nombre de règles : pour réussir à tout faire, il faut être bien organisé. Le lundi, monsieur rentre plus tôt du travail pour que madame puisse faire du sport. Le mardi, c'est l'inverse. Le mercredi soir, ils se sont réservé quelques heures sans enfants, pour continuer à affirmer leur identité de couple et ne pas se contenter de leur rôle de parents. C'est un moment que la femme attend toujours, dit-elle, avec impatience. Le jeudi, elle reste plus tard au boulot pour rattraper le retard accumulé depuis le début de la semaine. Elle passe le vendredi à la maison, en télétravail, et s'occupe un peu du ménage. Le samedi est réservé aux activités avec les amis, et le dimanche est le jour où la famille se réunit. Ils tiennent beaucoup, l'un comme l'autre, à ce que l'érotisme et le sexe ne soient pas sacrifiés à leurs enfants et à leurs carrières ; ils ont donc décidé que le dimanche soir leur appartiendrait et ils l'ont fait comprendre à leurs enfants. Quant aux éventuelles divergences d'opinions, elles se règlent par des discussions respectueuses, chacun obtenant le temps de parole nécessaire pour présenter ses arguments.

Voilà à quoi ressemblent les histoires d'amour d'aujourd'hui : une utilisation optimale de son emploi du temps est indispensable pour être enfin digne d'un Roméo et d'une Juliette. Dans un tel amour, il n'y a pas de portes qui claquent ou de gifles qui volent : on se défoule au club de gym. Personne ne reste devant la télé le mercredi soir en avouant qu'aujourd'hui, franchement, un dîner en tête-à-

Je suis une merde et je compte bien le rester !

tête, non merci. Les amis ne téléphonent pas le mardi – ce serait très mal vu. Bref, la relation entre Roméo et Juliette est un succès sur toute la ligne, tout baigne, l'amour, le boulot, la forme.

Pas question que notre compagnon nous coupe des autres et teste notre loyauté et notre disposition au renoncement. Il doit renforcer notre position dans la société et nous valoriser aux yeux des autres. Après tout, nous investissons en nous et sommes donc en droit d'exiger le meilleur en retour. Et plus nous travaillons sur nous, plus nos exigences augmentent. Plus je suis belle, intelligente et géniale, plus je vais avoir du mal à trouver un mec capable de me satisfaire.

Ajoutons qu'Internet a fait naître l'illusion d'un choix infini. Ce que je veux, c'est avoir la certitude d'obtenir sur le marché du sexe et de l'amour un bien qui corresponde à ma « valeur marchande ». Comme des spéculateurs, ceux qui cherchent l'amour essaient de décrocher ce qu'il y a de mieux à la bourse aux partenaires. Leur ambition est de trouver celui qui aura un petit plus à leur offrir que ce qui leur revient de droit. Comme ils tiennent à faire une bonne affaire, ils multiplient les essais et les comparaisons, ils tentent le coup, testent plusieurs partenaires. Et quand ils ont enfin rassemblé une poignée de finalistes, ils continuent à se demander si le profil suivant ne cacherait pas encore mieux...

La recherche d'un partenaire tourne à la chasse à la bonne affaire :
chacun veut obtenir mieux que ce qu'il mérite.

Une fois que vingt ou trente candidats auront ainsi été passés au banc d'essai, le romantisme aura bien du mal à pointer le

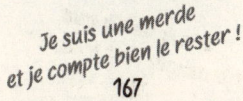

bout de son nez. Comment voulez-vous tomber amoureux après vingt rendez-vous consacrés à peser rationnellement le pour et le contre d'une éventuelle vie commune ?

Ce genre de comportement rend aveugle à ce qui fait la singularité de chacun et ne laisse aucune place au charme et au supplément d'âme. Tomber amoureux contient toujours un élément de surprise ; une belle rencontre se produit inopinément et sans intervention délibérée ; elle nous arrache à notre routine et à nos préjugés.

Je veux que ma relation amoureuse m'aide à me réaliser, mon partenaire doit me permettre d'accéder à la vie réussie dont je rêve : il ou elle doit avoir un physique agréable et exercer un super métier, il ou elle doit avoir de l'allure, me faire voyager, me combler de grands sentiments et m'offrir un mariage de princesse. En plus, il ou elle doit être propriétaire d'un appartement, en guise d'assurance vieillesse. Il ou elle doit en outre avoir le même âge que moi, ne pas fumer, habiter la même ville que moi, partager mes opinions politiques et mes centres d'intérêt. C'est le seul moyen de garantir une relation solide et heureuse.

Tous ces critères de choix figurent donc sur nos profils des réseaux sociaux, comme si le partenaire idéal se commandait sur les sites de rencontres.

Dans cet univers virtuel, chacun traite les autres comme s'ils étaient responsables de l'accomplissement de ses propres désirs. On n'est plus dans le monde de l'amour romantique, mais dans l'univers impitoyable des affaires.

Je suis une merde et je compte bien le rester !

Pourquoi pas, après tout. Mais à condition que ces deux partenaires commerciaux se mettent d'accord, et que chacun soit plus ou moins satisfait du résultat.

Le problème est que personne n'est plus satisfait de personne, parce qu'il compare inlassablement son partenaire à un autre, potentiellement meilleur.

Et voilà comment le dictat de la réalisation de soi bousille nos relations.

Pourquoi tout le monde trouve-t-il chaussure à son pied, sauf moi ?

La plupart des gens sont convaincus que leurs progrès personnels optimiseront leurs chances sur le marché de l'amour. Ils ont rarement l'audace de se dire qu'ils sont trop beaux et trop intelligents pour avoir du succès dans leur quête d'un partenaire. Pourtant, il suffit de regarder autour de soi pour constater que cette idée est loin d'être absurde.

Les hommes qui ressemblent à une pub Hugo Boss ne courent pas les rues. On rencontre bien plus souvent des types dont on voit tout de suite qu'ils sont chiants comme la pluie et totalement dépourvus d'humour. Fringués comme l'as de pique, vautrés à côté de nous au café ou au bureau, ils ne sont ni beaux ni intelligents, même pas particulièrement sympathiques... On n'aurait jamais l'idée de passer une heure en leur compagnie, et encore moins toute une vie. Pourtant, quand leur téléphone sonne, c'est leur femme au bout du fil, qui veut savoir qui va chercher les enfants à l'école.

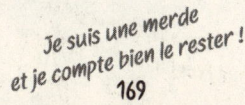

Je suis une merde et je compte bien le rester !

Eh oui ! Ces types ont tous une femme et des gosses. Mais comment font-ils, alors que nous, personne ne nous attend à la maison ? Leur femme les appelle trois ou quatre fois par jour, elle veut être au courant de leurs moindres faits et gestes, elle compte sur eux ce soir, ce week-end. S'ils ont une heure de retard, elle s'inquiète. Alors que nous, nous pourrions tomber raides mortes chez nous, et les autres mettraient des jours, voire des semaines, à remarquer notre absence.

Pour les femmes, c'est pareil. Ce matin, ça frétille autour de la machine à café du bureau. L'assistante du directeur, rondouillarde pour ne pas dire plus, est entourée de plusieurs collègues. Rougissante, elle raconte que, la veille au soir, son copain lui a offert un énorme bouquet de roses et lui a demandé sa main. Les collègues la félicitent avant de s'éclipser avec leur café. Et on passe la matinée à se demander où on a merdé. Ces nanas doivent avoir un secret qu'on est seule à ne pas connaître ! C'est la seule explication possible. On pèse près de vingt kilos de moins qu'elle, on est certainement dix fois plus marrante, mais personne ne nous a encore jamais demandée en mariage pour de vrai.

Évidemment, il ne s'agit pas d'envier le bonheur d'autrui, ce serait ridicule, mais quand même, on commence à se demander combien de temps encore on arrivera à se persuader que l'on préfère vivre seule que de se mettre avec le premier blaireau venu... Et on ne se sent pas franchement mieux quand on constate que le collègue de bureau mal sapé et emmerdant, et la secrétaire bien en chair ne passent pas leur temps à se prendre la tête pour essayer de trouver

Je suis une merde et je compte bien le rester !

ce qui cloche chez eux et comment y remédier – questions qui ne nous laissent, à nous, aucun répit.

Les vainqueurs de la course au partenaire
sont toujours ceux qui sont dans la moyenne !

Le secret des gens ordinaires, c'est qu'ils sautent sur la moindre proposition acceptable. Ils ne se font aucune illusion : ils savent parfaitement ce qu'ils ont à offrir et ce qu'ils peuvent exiger de la vie et de l'amour. Ils évaluent avec réalisme leur valeur marchande et ne cèdent pas à des exigences démesurées.

Appartenir à la moyenne leur offre également un plus grand choix. Être trop séduisant, c'est intimider tous ceux qui le sont moins. Les filles vraiment canon ont plus de mal que les autres à trouver un mec. Les beautés célèbres comme Elizabeth Hurley, Sharon Stone et Gisele Bündchen se plaignent souvent d'avoir une vie sexuelle limitée parce qu'elles sont trop jolies. Sharon Stone a d'ailleurs fait remarquer : « Les hommes me voient comme quelqu'un de trop sexy. Du coup, ils ont peur de moi. Ils croient tellement ce qu'on leur dit qu'ils ont fini par gober le mythe de la femme trop belle. »

Maigrir d'abord, draguer ensuite ?

Pour avoir du succès, il n'est absolument pas indispensable d'être mince et belle. C'est ce que prouve une expérience menée dans des bars d'hôtels et à des soirées, et dont l'objectif était d'établir quelles femmes se faisaient le plus souvent aborder par des hommes. Résultat : ce n'étaient ni les plus

Je suis une merde
et je compte bien le rester !
171

jeunes ni les plus séduisantes, mais celles qui émettaient des signaux indiquant qu'elles étaient disponibles. Eh oui ! Il arrive que les rapports humains soient aussi simples que ça.

Un moyen particulièrement efficace consiste à donner aux autres une raison anodine de vous aborder. Il suffit de s'être promené une fois avec un adorable petit chien pour savoir que c'est une excellente entrée en matière ! Si vous n'aimez ni les chiens ni leurs maîtres, vous pouvez porter un chapeau extravagant ou un vêtement original.

La beauté peut être un handicap.

Des chercheurs espagnols ont établi qu'un homme qui se retrouve seul dans une chambre avec une jolie femme finit par manifester un niveau de stress très élevé. Et ce stress croît en fonction de la beauté de la femme pour atteindre son apogée si le sujet trouve cette femme plus séduisante que lui.

Bien des femmes s'imaginent qu'il faut être canon pour qu'une flopée d'hommes tombent amoureux d'elles.

À en croire ces chercheurs espagnols, elles se trompent lourdement. Car leurs cobayes ont également reconnu que les belles femmes leur font peur et qu'ils les trouvent inaccessibles. Il y a aussi des hommes qui ne supportent pas la perfection physique d'une femme, car ils craignent, avec une compagne de ce genre, d'attirer trop de rivaux masculins.

Un physique parfait est donc loin d'accroître l'intérêt, le désir sexuel et même l'amour des hommes. Si l'on demande aux femmes qui correspondent aux critères actuels de

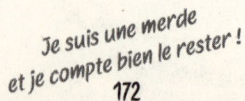
Je suis une merde et je compte bien le rester !

beauté si elles ont beaucoup de succès, on n'entend généralement que des jérémiades. Elles ne se font pas aborder plus fréquemment que les autres – au contraire – et elles remarquent souvent que, parmi les hommes qui les suivent du regard, rares sont ceux qui cherchent à faire leur connaissance.

L'inverse est tout aussi vrai. Sans doute lit-on régulièrement dans les revues pour hommes comme *Men's Health* qu'il a été scientifiquement prouvé que les femmes adorent les muscles et quels sont les exercices recommandés pour avoir des abdos d'acier. Mais, si l'on pose la question autour de soi, de nombreuses femmes diront qu'elles ne sont absolument pas attirées par les tablettes de chocolat et n'ont que faire d'un corps bodybuildé.

Mon amie Inès a passé une nuit avec un très bel acteur. Le matin, elle a été réveillée par une respiration bruyante : Apollon faisait des pompes sur la descente de lit. Quand il a remarqué qu'elle ne dormait plus, il a interrompu sa séance de gym pour lui expliquer qu'il était déjà allé faire un jogging, qu'en rentrant il avait acheté des croissants et que, quand il aurait fini ses pompes, il préparerait un petit déjeuner formidable. « Tant d'énergie et d'entrain au réveil, quelle horreur ! » m'a avoué Inès. Elle a refusé de le revoir, pressentant « le drame qui n'aurait cessé de se rejouer dans une éventuelle relation ». Un drame qui l'aurait renvoyée en permanence à son indolence et à son aversion pour le sport. Une perspective pas du tout séduisante à ses yeux.

Est-ce que je suis beau/belle ?

Pour être beau, il faut se sentir beau, nous rabâche-t-on. Et, là encore, on nous propose toute une batterie d'exercices psychologiques destinés à nous faire prendre conscience de notre propre beauté. Il faut par exemple se planter devant son miroir tous les matins, se regarder droit dans les yeux tout en répétant comme un mantra « Je suis beau/belle » jusqu'à en être convaincu – et instantanément, notre entourage nous verra, lui aussi, d'un autre œil.

« Mais être beau, objecte le coach Werner Katzengruber, c'est encore une fois être dans la norme. A-t-on vraiment envie d'être dans la norme, et qu'est-ce que ça apporte ? Pourquoi faudrait-il être "beau" ? N'est-il pas suffisant de se regarder dans la glace en se disant : "Je ne suis pas si mal que ça ?" »

L'exercice « Je ne suis pas si mal que ça » est plus adapté à la réalité, et il ne nuit pas à la lucidité de notre jugement. Il présente aussi l'avantage de fonctionner les jours où on se sent franchement moche et nul. Car il y aura toujours des jours comme ça, quelle que soit l'ardeur avec laquelle on pratiquera le « Je suis beau parce que je me sens beau ».

Aptitudes relationnelles... mais qu'est-ce que c'est que ça ?

Être une femme trop belle et trop diplômée, quelle galère ! Un grand nombre de celles qui affichent une belle carrière sont célibataires parce que, si un chef de clinique épouse souvent une infirmière, il est plus rare pour une chef de clinique d'épouser un brancardier. Le choix d'hommes « de valeur égale » diminue considérablement quand on est titulaire d'un doctorat en sciences et ingénierie des systèmes de l'environnement et des organisations.

Bien sûr, être prof agrégé ou chef de clinique, c'est génial si on a envie d'être prof ou médecin. Mais ce n'est pas le meilleur moyen d'accroître ses chances sur le marché de l'amour... Loin de moi l'idée d'inciter les femmes à prendre plus au sérieux leur quête du mâle idéal que la poursuite de leur carrière ; je tiens simplement à faire remarquer que l'amélioration de leur situation socio-économique ne facilitera pas forcément la recherche d'un partenaire, surtout si elles respectent les conventions sociales et ne peuvent imaginer vivre avec un homme dont la position sociale serait inférieure à la leur.

Il y a trois sexes : les hommes, les femmes et les doctorantes.

Dicton chinois

Beaucoup de gens très exigeants vis-à-vis d'eux-mêmes et tout disposés à se remettre en question se demandent s'ils sont responsables de l'absence ou de la brièveté de leurs relations. Ils ne demandent qu'à apprendre, à travailler sur eux-mêmes, à être lucides et à reconnaître leurs erreurs. Mais tout cela ne les aide pas à établir des relations satisfaisantes et solides.

Ils ne se doutent pas que leurs efforts ne font qu'aggraver la situation parce qu'ils sont déjà surqualifiés à tous égards : en effet, de prétendues « aptitudes relationnelles » ne sont pour rien dans la stabilité éventuelle d'un couple. Les

Je suis une merde et je compte bien le rester !

relations humaines sont solides quand certaines contraintes extérieures assurent leur cohésion. Il peut s'agir d'un logement et d'enfants communs, d'une certaine dépendance économique et/ou physique et/ou intellectuelle. En un mot, de tout ce qui lie deux êtres humains sans qu'ils soient forcément amoureux l'un de l'autre. La liberté et l'aptitude relationnelle sont donc inversement proportionnelles. Tous ceux qui aspirent à la liberté en font l'expérience.

Se séparer ou rester ensemble ?
C'est une question que ne se posent que les gens qui vont trop bien.

Ceux qui ne disposent pas d'une entière liberté de choix sur le marché de l'amour en raison de besoins particuliers, d'une dépendance financière et/ou de conditions physiques ne s'engagent pas dans cette quête interminable du partenaire optimal. Ainsi, ceux qui souffrent d'une forte surcharge pondérale entretiennent statistiquement des relations plus stables que la moyenne, parce qu'ils pensent qu'ils auront plus de mal que d'autres à trouver un nouveau partenaire. Par conséquent, ils réfléchissent soigneusement avant de se séparer et de partir « vers de nouveaux rivages plus captivants ».

L'indépendance professionnelle et intellectuelle rend extrêmement sélectif, alors que, si je sais que je ne peux pas me permettre de faire la fine bouche, je vais chercher à tirer le meilleur parti de ce que j'ai. Une bonne recette pour pouvoir vivre à deux.

Le secret d'un mariage qui dure,
c'est de ne pas se séparer.

Je suis une merde
et je compte bien le rester !
176

La liberté de choix n'est clairement pas un avantage dans une relation amoureuse. Dans son roman consacré à Zeno Cosini, Italo Svevo montre qu'un homme inconstant et insaisissable, désinvolte, hypocondriaque et irrésolu peut finalement connaître un destin plus radieux que ce que l'on pouvait imaginer. À la fin de sa vie, la seule chose qu'il a vraiment réussie se révèle être sa relation avec sa femme Agathe. Pourtant, il n'avait pas voulu d'elle au début : ce n'est pas l'amour qui est à l'origine de leur vie conjugale, mais un malentendu.

Agathe boite et n'a jamais été particulièrement belle. Elle est l'aînée de quatre sœurs et, quarante ans auparavant, ce n'était pas à elle mais à la plus jolie et la plus jeune de celles-ci que Zeno Cosini s'était intéressé. En ce temps-là, il venait présenter ses hommages à la famille presque tous les soirs, mais, ne voulant pas se montrer importun, il s'entretenait peu avec la benjamine, et davantage avec l'aînée, Agathe la boiteuse. Un beau jour, le père des jeunes filles prend Zeno à part et lui fait comprendre que son assiduité commence à compromettre Agathe : le mariage d'Agathe et Zeno Cosini est décidé.

Agathe n'ignore rien des circonstances de cette union, et elle n'en veut pas à Zeno. Sans lui, elle serait restée célibataire, ce qui aurait été pire, évidemment. Son assurance paisible et son attachement ne se nourrissent pas d'apparences superficielles mais de sa connaissance des limites de l'être humain. Aussi Agathe est-elle ce qui pouvait arriver de mieux à Zeno Cosini, tandis que Zeno est ce qui pouvait arriver de mieux à Agathe. Des quatre sœurs, c'est d'ailleurs

Agathe qui mènera la vie conjugale la plus heureuse. Sans avoir rien fait de spécial pour y arriver.

« Il faut bien admettre qu'une relation amoureuse est une chose parfaitement invraisemblable », écrit le sociologue Niklas Luhmann dans son célèbre ouvrage *Amour comme passion*. Rares sont les êtres humains qui aiment vivre seuls, mais s'il faut, comme on le croit depuis le XVIIIe siècle, tomber amoureux avant de s'engager dans une relation, la constitution d'un couple repose sur une condition dont les chances de réalisation sont minces.

On estime donc aujourd'hui qu'une relation doit concilier une nécessité – vivre avec quelqu'un – et une improbabilité – tomber amoureux d'une personne qui tombera également amoureuse de vous au même moment. En outre, cet amour est censé durer toute la vie...

C'est à cause de cette exigence que tout autre arrangement fait l'effet d'un compromis ou d'une solution provisoire. Un peu comme si on était assis dans une salle d'attente avec son compagnon du moment et que l'on attendait l'arrivée en gare du train à destination du grand amour. Et, tout en attendant, on espère que le train dans lequel on doit monter arrivera avant celui de son partenaire : on n'a aucune envie, cela va de soi, d'être celui qui restera à quai et qui – à en croire les conseils des manuels de réussite conjugale – devra, de surcroît, avoir la grandeur d'âme d'agiter joyeusement son mouchoir si l'autre est le premier à grimper dans le wagon.

Les amoureux ne sont pas des amis, mais des rivaux.

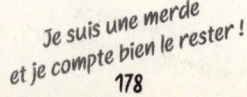
Je suis une merde et je compte bien le rester !

178

Cette contradiction est à l'origine de notre inaptitude relationnelle générale, et un certain nombre de gens aspirent, en secret, à se réfugier dans un couvent ou à vivre au sein d'une communauté sur le modèle de certains peuples primitifs – où personne n'envisage un seul instant de quitter le groupe qui assure sa survie.

Depuis que cette idée de l'amour s'est imposée, on se sent coupable de ne pas aimer. Je suis une moins que rien si je dois m'avouer un jour que je n'aime plus mon mec depuis belle lurette et que je ne reste avec lui que parce que je ne veux pas renoncer aux avantages liés à cette association. Parce que je n'ai pas envie de passer toute seule mes week-ends, les fêtes de Pâques et de Noël ou le réveillon du Nouvel An, comme quand j'étais célibataire. Parce que je veux que quelqu'un vienne me chercher à la gare. Parce que je ne peux pas renoncer au sexe. Parce que, s'il n'est plus là, il n'y aura personne pour m'accompagner en voyage et aux soirées, ou pour m'apporter mon thé au lit quand je suis malade.

Dans cette situation, il n'y a que deux solutions : refouler ses véritables sentiments et se persuader qu'on aime son partenaire, ou rompre. Une troisième possibilité consisterait à reconnaître la mesquinerie de ses mobiles sans bouger d'un iota pour autant, mais elle est ici envisageable : impensable de faire savoir à son partenaire à quel point on est minable et faible.

La troisième possibilité, celle qui consiste à dire la vérité à son partenaire, serait pourtant la meilleure, de toute évidence : on ne serait pas obligé de rompre et, en même

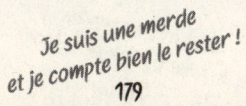

temps, on serait débarrassé de l'amour – c'est-à-dire du mensonge.

« Gardez-vous de l'amour », conseillait l'écrivain et psychologue Peter Lauster aux couples qui venaient le consulter. Peter Lauster écrit des livres sur l'amour depuis plus de quarante ans. Dans les années 1970 et 1980 particulièrement, il a tenu des propos très critiques sur l'institution du mariage et sur les conceptions bourgeoises de la morale. Pour lui, l'amour éternel n'est qu'un mythe. Dès que l'amour entre en jeu, la situation se complique, estime-t-il. L'amour peut en effet séparer. Que faire quand son partenaire réclame un amour que l'on n'éprouve pas ? À qui, en ce bas monde, peut-on encore avouer que l'on est incapable d'aimer ? À qui peut-on encore se confier ?

L'AMOUR, C'EST QUOI ?

Si l'on veut être aimé, on ferait bien de commencer par se demander ce qu'est l'amour. Que veut-on dire quand on parle d'amour ? Fait-on référence à un afflux d'hormones et donc, par définition, à un état éphémère ? Qu'est-ce que j'éprouve quand je parle d'amour ? Qu'est-ce que j'imagine que ressent mon partenaire quand il me dit « Je t'aime » ? Pourquoi suis-je blessé(e) quand quelqu'un dit qu'il ne m'aime pas ?

En essayant de répondre honnêtement à ces questions, peut-être pourra-t-on démystifier le phénomène de l'amour.

Je suis une merde et je compte bien le rester !

Parlons plutôt de sexe !

En attendant l'être qui nous aimera pour de vrai et que nous aimerons pour de vrai, le temps passe. C'est agaçant, car personne n'a envie d'attendre d'avoir 90 ans pour vivre une relation amoureuse vraiment épanouissante. D'autant plus que, avec l'âge, on perd la naïveté nécessaire pour surestimer son partenaire sexuel, condition *sine qua non* d'une relation amoureuse, tout en prenant conscience des exigences redoutables qu'impose la vie à deux.

Il serait donc plus malin de se demander comment vivre mieux en l'absence de ce « véritable » amour.

– Est-ce que l'on prend vraiment plaisir à aller chez le psy chaque semaine pour apprendre à s'aimer ? Ne vaudrait-il pas mieux consacrer ce temps à la tendresse et aux câlins ?

– Préfère-t-on vivre seul ou en compagnie ? Et cette compagnie doit-elle obligatoirement être celle de son partenaire sexuel ?

– Ne supporte-t-on encore son partenaire que par résignation ? Ou pourrait-on entretenir une relation plus agréable avec lui si on ne le harcelait pas constamment en réclamant de lui le « véritable » amour ?

Préférez-vous avoir une vie sexuelle ou travailler sur vous-même ? Vous n'aurez pas le temps de faire les deux.

La réponse à ces questions est vraiment personnelle. Aucune revue féminine, aucun magazine pour hommes, et même pas ce livre ne vous aideront à la trouver. Une chose est sûre, cependant : il n'est pas indispensable de travailler sur soi pour baiser. On pourrait même dire que le travail sur soi s'accompagne fatalement d'une perte de sex-appeal.

La spontanéité est plus sexy que des sourcils froncés et une mâchoire crispée. Des lèvres rouges entre lesquelles on glisse un carré de chocolat symbolisent davantage l'érotisme qu'une bouche fermée sur une rondelle de carotte bio – mâchée au moins trente-cinq fois, selon les recommandations.

L'homme déraisonnable est sexy, l'homme raisonnable ne l'est pas. Les hommes et les femmes qui n'ont jamais entendu parler de gestion positive des conflits ni de médiation conjugale sont indéniablement plus attirants que ceux qui communiquent en évitant délibérément toute violence.

Que ceux qui ont envie de baiser baisent, et que ceux qui veulent se préparer à une relation parfaite le fassent, si ça leur chante. Quoi que vous fassiez, vos chances de trouver un(e) chéri(e) sont à peu près équivalentes – rien n'empêche après tout de faire une rencontre pendant une séance de thérapie familiale transgénérationnelle.

Tout dépend de ce qui correspond le mieux à votre personnalité : travailler sur vos schémas d'enfance pendant un week-end de coaching ou vous éclater en boîte, un verre à la main. L'essentiel, c'est de vous décider. Et le plus tôt sera le mieux.

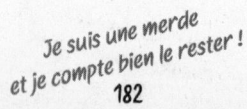

Je suis une merde
et je compte bien le rester !

Les explications raisonnables, quelle connerie !

Marc et Regina sont en couple depuis un an. Une fois par semaine, ils vont au club de gym ensemble. Ce soir-là, Regina quitte son travail plus tôt et attend sur le trottoir avec son sac de sport que Marc vienne la prendre en voiture. Problème : il est toujours en retard. Au début, Regina ne disait rien, elle n'allait quand même pas faire une scène pour quelques minutes. Mais, les semaines passant, Marc est arrivé de plus en plus tard ; bientôt, il s'est mis à avoir régulièrement un quart d'heure de retard et, au bout de quelques semaines, il a eu l'air d'estimer qu'une demi-heure de retard n'avait rien d'intolérable. Ils se sont déjà souvent disputés à ce sujet, et chaque fois Marc s'est mis à traiter Regina de psychorigide et à lui reprocher de vouloir toujours tout contrôler, raison pour laquelle il était impossible de faire quoi que ce soit avec elle.

Cette soirée hebdomadaire, qui devait être un moment de détente pour eux deux, se déroule désormais selon un schéma immuable : Marc arrive en retard, Regina monte dans la voiture sans desserrer les lèvres, ils se rendent en silence au club de sport, où ils font leurs exercices séparément. Il faut des heures pour que la colère de Regina retombe et qu'elle puisse recommencer à adresser la parole à Marc.

Plusieurs moyens permettraient de résoudre raisonnablement ce problème. Inutile d'acheter des guides de conseils ou de suivre une thérapie conjugale pour savoir comment Regina pourrait gérer cette situation de façon plus plaisante pour elle.

Il faut avant tout que Regina comprenne qu'elle ne changera pas Marc. Le seul élément sur lequel elle peut agir, c'est sur sa propre gestion de la situation. Elle pourrait, par exemple, retrouver Marc directement au club de gym, ce qui lui permettrait de commencer sa séance sans lui. Elle a déjà essayé, mais elle s'est surprise à avoir le nez sur sa montre pendant ses exercices et à sentir sa colère monter de minute en minute jusqu'à l'arrivée de Marc. (D'autant que celui-ci, profitant de cette liberté, n'est pas arrivé avec une demi-heure, mais trois quarts d'heure de retard.)

Regina pourrait aussi faire de la gym avec une amie. Cela lui éviterait de se fâcher toutes les semaines contre son mec tout en se rapprochant de cette amie. Du coup, elle pourrait programmer avec Marc d'autres activités pour lesquelles sa ponctualité n'entrerait pas en jeu.

Tout cela semble très « raisonnable ». En fait, c'est n'importe quoi : les possibilités de résolution du conflit évoquées ci-dessus sont coupées de toute réalité. Ces propositions géniales qui paraissent si rationnelles se heurtent en effet à un obstacle de taille : leurs prémisses sont fausses.

De nombreux psychothérapeutes partent en effet de l'hypothèse – que ceux qui viennent leur demander conseil ne remettent généralement pas en question – qu'il est impossible de changer son partenaire, et que la seule solution consiste à s'attaquer à sa propre attitude face au comportement exaspérant de celui-ci. Des millions de gens

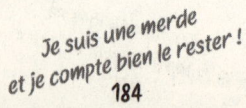

Je suis une merde
et je compte bien le rester !
184

peuvent se convaincre quotidiennement de la stupidité de cette supposition. S'ils constatent effectivement qu'il est difficile de peser sur le comportement de leur partenaire, ils remarquent également que leur propre réaction à ce comportement est tout aussi impossible à modifier.

Regina n'arrivera pas non plus, quoi qu'elle fasse, à régler son problème. La vérité est simple : elle n'a pas envie d'aller à la gym toute seule ni avec une amie. Elle veut que Marc l'accompagne, et elle veut qu'il soit à l'heure ! Elle ne veut rien d'autre. Elle peut évidemment essayer de vouloir autre chose, mais elle aura du mal à y parvenir.

Vous ne pouvez pas changer votre partenaire,
mais vous ne pouvez pas non plus vous changer.

C'est prouvé : les explications de fond entre partenaires, qu'elles se déroulent dans l'intimité ou chez un thérapeute, sur un ton posé ou dans la colère, au milieu des larmes ou dans une parfaite maîtrise de soi, avec des méthodes sophistiquées ou par des moyens conventionnels, ne changent pas grand-chose aux problèmes de couple. Moins les partenaires discutent de leur relation, mieux ça vaut. Rien ne marche – et rien ne peut marcher – car, quand on s'engage dans une vie à deux, on s'est inconsciemment entendu avec son partenaire pour renoncer à agir raisonnablement l'un envers l'autre. Tel est le secret des sempiternelles scènes de ménage !

Pour le comprendre, il faut commencer par se demander ce qu'est, au juste, une relation amoureuse. On pourrait supposer naïvement l'existence d'une corrélation entre relation amoureuse et amour ; mais, quand on réfléchit d'un

Je suis une merde
et je compte bien le rester !

peu plus près au phénomène de la relation à deux, on se rend très vite compte que l'on est à côté de la plaque. On peut très bien entretenir une liaison avec quelqu'un sans l'aimer, et aimer quelqu'un avec qui on n'entretient pas de liaison. Sous un angle sociologique, la relation amoureuse peut être réduite au dénominateur suivant : elle se met en place quand deux êtres humains décident d'avoir une relation.

La relation amoureuse est un modèle social qui n'a même pas trois siècles d'existence. Elle répond à des règles bien particulières qui se distinguent de celles de l'amitié. Outre la satisfaction sexuelle qu'elle engendre, la construction que l'on appelle « relation amoureuse » ou « liaison » est construite sur une communication entre les deux parties, qui obéit à des lois très différentes de celles qui régissent les relations avec des amis ou des étrangers. Cette communication particulière est en quelque sorte le signe distinctif de cette relation amoureuse ; exiger des partenaires qu'ils ne se parlent pas en « amants » mais normalement et rationnellement, comme ils le font avec n'importe qui d'autre, ébranle les fondements mêmes de leur relation avec autant de force qu'une infidélité.

Il y a trois cents ans, personne n'estimait que vivre un amour romantique était une nécessité.

Pour illustrer la différence des règles qui gouvernent une amitié et une relation amoureuse, prenons l'exemple du rendez-vous.

Deux amis prennent rendez-vous. Une heure avant l'heure dite, l'un d'eux se rend compte qu'en réalité il ne tient pas vraiment à voir l'autre et préfère rester chez lui à regarder la télé. L'ami A téléphone à l'ami B et lui avoue : « Tu sais, en fait, je n'ai plus tellement envie de sortir. Je préfère rester chez moi devant la télé. » L'ami B répond : « Pas de problème. On se verra une autre fois. »

L'ami B n'est pas vexé que l'ami A se soit décommandé, et il considère comme une marque de confiance qu'il lui ait avoué franchement les raisons de cette annulation.

Imaginons à présent que deux personnes qui entretiennent une liaison mais ne vivent pas ensemble se soient donné rendez-vous. Peu avant l'heure fixée, l'homme se rend compte qu'il n'a pas envie de sortir de chez lui. Il appelle son ami(e) et lui dit : « Tu sais, je n'ai pas très envie d'aller dîner. Je préfère rester chez moi et regarder la télé. » N'importe qui comprendra tout de suite que c'est impossible. Ce type ne peut pas dire à l'autre qu'il aime mieux regarder la télé que de le (la) voir. Dans une liaison, un tel aveu est en effet synonyme de : « Je ne t'aime plus. » L'homme doit donc trouver un prétexte : un ami qui s'est fait plaquer vient de l'appeler, et il faut qu'il aille lui remonter le moral. Cette excuse lui permettra de rester chez lui, mais il sera obligé de débrancher ses téléphones et d'éteindre toutes les lumières de son appartement.

Quand on a une liaison, on ne peut pas faire ce que l'on veut ; tout ce que l'on dit doit prendre en compte le statut particulier de la vie de couple et anticiper systématiquement la manière dont son partenaire réagira à ses propos. Le partenaire le sait lui aussi, mais il n'en dit rien. Les règles d'une relation amoureuse exigent en effet que chacun fasse comme s'il ne remarquait pas que l'autre agit constamment en fonction de lui. Ce qui complique évidemment le dialogue.

Chaque partenaire agit donc de telle ou telle manière parce qu'il sait que cela plaît (ou déplaît, selon l'humeur du jour) à l'autre, mais il fait comme s'il agissait en toute liberté. L'autre n'en dit rien pour ne pas déprécier ce gage d'amour, ce qui ne l'empêche pas d'y réagir, tout en faisant comme si cette réaction répondait à un besoin fondamental de sa part.

Voilà à quoi ça ressemble concrètement : A est vexé et se tait. Son silence signifie : « Occupe-toi de moi, et demande-moi, s'il te plaît, ce que j'ai. » Pour peu que B lui demande effectivement ce qui ne va pas, A fait comme si son silence n'avait rien à voir avec B : « Comment ça, qu'est-ce qui ne va pas ? » B : « Tu as quelque chose, voyons. Tu ne dis rien. » A : « Alors ça ! Parce que maintenant on est obligé de parler tout le temps ? » Et ainsi de suite...

Aucun ami ne supporterait un dialogue aussi tordu ! Et ce mode de communication à lui seul nous apprend que nous sommes bien en présence d'une relation amoureuse. Y renoncer reviendrait à renoncer à cette relation.

Voilà pourquoi Regina aurait l'impression de ne plus aimer Marc si elle ne prenait plus son absence de ponctualité comme une offense personnelle. Si elle préférait aller au club de sport avec une copine plutôt qu'avec son mec, elle en déduirait que leur relation a vraiment du plomb dans l'aile.

Je suis une merde et je compte bien le rester !

Tant que Regina s'intéresse encore à Marc, elle poursuivra ce jeu relationnel : s'il l'aimait vraiment, il serait à l'heure. Il lui refuse cette preuve d'amour, pour quelque raison que ce soit, et se retranche derrière les motifs les plus absurdes. Quand il reproche à Regina d'être une psychorigide qui cherche à tout contrôler, il est d'une injustice tellement flagrante qu'il fait affront à l'intelligence humaine. Imaginerait-on qu'il traite son patron de petit-bourgeois maniaque simplement parce qu'il exige un minimum de ponctualité dans sa boîte ? Par son comportement odieux, Marc teste les limites de Regina : c'est une lutte de pouvoir au sein de leur couple, et l'objectif est de savoir qui l'emportera. Le sujet même du différend est sans importance.

Regina se moque royalement de faire du sport tranquillement. Ce qu'elle veut savoir, c'est si elle est aimée. Et, comme elle, nous mesurons l'amour que nous inspirons au seuil de tolérance de notre partenaire. Quant à savoir si de tels sentiments méritent vraiment le nom d'amour, passons !

Si vous prenez votre partenaire au sérieux, tant pis pour vous !

La plupart des gens n'ont pas conscience de ce mécanisme. Quand ils racontent à leur meilleur ami leur dernière engueulade avec leur chéri(e), ils font comme si la seule chose qui comptait à leurs yeux était d'être à l'heure au club de gym. Du coup, la copine de Regina trouve cette affaire incroyable : elle a peine à imaginer que Marc ait pu traiter Regina de psychorigide simplement parce qu'elle n'a pas envie de poireauter une demi-heure chaque semaine ! De deux choses l'une : soit Marc est trop con pour se mettre à sa place, soit il est mesquin et franchement gonflé.

Voilà plus ou moins comment Regina et son amie résument la situation, car elles appliquent les codes des relations sociales à la « discussion » entre Marc et Regina. Une discussion qui, en réalité, n'a jamais eu lieu.

Claquer les portes, provoquer l'autre, se braquer, donner des arguments ridicules et proférer des accusations grotesques... Ces joutes verbales n'ont qu'une fonction : découvrir ce que nous tenons absolument à savoir, c'est-à-dire jusqu'où il est possible d'aller avec notre partenaire avant d'en être puni par la privation d'amour. Et c'est bien la question essentielle que l'on se pose à propos de l'être avec qui l'on vit.

Connaître les enjeux permet de se battre plus efficacement.

Nous devons donc nous aimer à la folie, mais discuter avec raison. Les médiateurs conjugaux nous invitent à nous traiter mutuellement avec respect, à éviter de nous envoyer des griefs à la tête et à rendre compte des faits avec le plus de neutralité possible, à accepter les compromis et à éviter toutes les provocations. Ces conseils occultent la lutte de pouvoir qui se déroule ici. Tout le monde fait comme si les prétextes – les toilettes crasseuses, l'éponge sale dans le lavabo, le découvert bancaire – étaient le nœud du conflit relationnel. Et comme si, dès que la solution des toilettes, de l'éponge et des dettes aura été trouvée, le couple allait enfin avoir l'esprit libre pour faire « de belles choses à deux ». Les partenaires s'étonnent de renouer avec tous leurs travers dès qu'ils quittent le cabinet du thérapeute conjugal

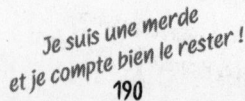
Je suis une merde
et je compte bien le rester !

190

ou du médiateur. Ils ont l'impression d'être des moins que rien quand tout en eux renâcle à traiter respectueusement la personne qu'ils prétendent pourtant aimer. Il est vrai que traiter l'autre avec indulgence et respect reviendrait à lui laisser le champ libre sans combattre. Sérieusement, pourquoi devrait-on faire ça ?

Il existe aux États-Unis un nouveau mouvement qui défend une approche rationnelle des sentiments et recommande aux couples, dans la mesure du possible, de ne pas laisser place à leurs sentiments dans leurs discussions. C'est le seul moyen de régler les points litigieux, prétend cette théorie.

Mais ce n'est pas en en parlant que l'on gagne une lutte de pouvoir. Celui qui lâche du lest et avoue à son partenaire que cette lutte le fatigue et qu'il trouve ça « trop con » a déjà perdu.

Si vous ne voulez pas de lutte de pouvoir, renoncez à toute relation.

Nier la lutte de pouvoir parce que l'on ne supporte pas la vérité empêche de comprendre beaucoup de choses. Comment admettre que son partenaire refuse obstinément de tenir compte de désirs modestes et inoffensifs si faciles à satisfaire ? Comment accepter que l'on vous prenne pour une godiche assez demeurée pour imaginer qu'un être humain soit incapable d'accomplir des gestes aussi simples ? Qu'on veuille vous faire gober que quelqu'un qui n'est pas atteint d'un Alzheimer avancé puisse ne pas prendre conscience des réalités que l'on s'emploie pourtant à lui rappeler quotidiennement en hurlant ?

Quand votre partenaire vous explique qu'il faut bien « accepter de temps en temps les critiques » et que vous finissez par reconnaître certaines erreurs, votre aveu sera immédiatement retenu contre vous !

Si nous admettions enfin la réalité d'une lutte de pouvoir impitoyable qu'aucun thérapeute au monde ne saurait régler par de beaux discours, nous pourrions adopter des parades efficaces : des manœuvres d'intimidation, l'intervention d'un tiers ou des mesures de rétorsion à la limite du fair-play. Et surtout, ne jamais nous laisser critiquer, jamais. Mais nous n'avons pas le droit d'agir ainsi. Il faut être raisonnable, voyons !

Les gens raisonnables en font les frais : ils souffrent d'un sentiment de solitude à force de cacher à leur partenaire leur aigreur et leur colère. Et comme ils n'y parviennent pas toujours, ils se sentent coupables. Ajoutons que leur partenaire n'hésitera pas à exploiter ces sentiments de culpabilité à ses propres fins.

Colère, argent et rage sont autant d'armes que je peux employer contre mon partenaire. Pourquoi faire le choix de renoncer à ce pouvoir ?

Dans son principe, l'idée de se traiter mutuellement avec respect, de s'exprimer clairement et d'exposer sincèrement ses motifs de griefs est louable. Le problème, c'est qu'elle est inapplicable. Car cette attitude vous condamne à avoir systématiquement le dessous. Votre entourage n'apprécie pas que vous vous exprimiez franchement, que vous exposiez publiquement le jeu qui se joue entre les partenaires. On vous reproche alors d'être compliqué et difficile à vivre, et tous les efforts que vous avez entrepris sont vains.

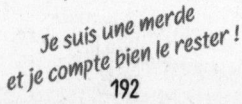

Je suis une merde et je compte bien le rester !

Mon amie Anna en a fait l'expérience. Le type avec qui elle vit a une ex-femme et deux enfants. Ce qui condamne Anna à passer seule un week-end sur deux, ainsi que Noël, car, ces jours-là les enfants sont avec leur père. Le fait que, chaque fois que son mec organise une sortie avec ses enfants, l'ex soit automatiquement de la partie, et que, en plus, il passe chez elle toutes les soirées où Anna n'est pas là, ne la fait pas bondir de joie. Mais elle s'en voudrait de lui dicter qui il a le droit de voir ou non. Elle se refuse à l'empêcher, par pure jalousie, de faire ce qu'il veut. Elle voudrait qu'ils réussissent à dépasser ensemble ce genre de considérations mesquines, car elle est convaincue qu'amour et liberté sont indissociables.

Elle a pourtant été obligée de constater que son copain programmait des voyages de rêve sans la consulter, avant d'apprendre, un beau jour, qu'il avait l'intention de passer les vacances de Pâques avec son ex, ses enfants, son frère et sa belle-sœur, et même le nouveau copain de son ex. En revanche, il n'était pas prévu qu'Anna les accompagne – l'ex ne voulait pas. Quand Anna a râlé, son copain lui a demandé si elle avait la prétention de l'obliger à choisir entre ses enfants et elle. Ce n'est qu'à ce moment-là qu'elle a compris que sa stratégie « raisonnable » n'était pas appréciée à sa juste valeur. Que le respect et la décence la conduiraient droit dans le mur. Sans plus attendre, elle a réservé une place sur un vol pour la Grèce avant de demander à son mec s'il avait envie de l'accompagner. La réunion de famille pascale, dont l'annulation était encore inenvisageable la veille, a été immédiatement biffée de son agenda.

*Je suis une merde
et je compte bien le rester !*

Depuis, Anna interdit à son copain de voir son ex plus d'une fois par semaine. S'il n'est pas content, elle lui fait une scène. Du coup, il est plus attentif à elle et la traite avec plus d'égards.

Ne cherchez pas à être meilleur que les autres. Ça ne marche pas.

Il n'est pas facile d'être meilleur et plus raisonnable dans un monde où la plupart des gens agissent à la légère. Ceux qui ne se posent pas de questions ont indéniablement l'avantage. Ils ne passent pas leur temps à se tracasser parce qu'ils n'arrivent pas à maîtriser leur colère, leur envie ou leur jalousie. Nous, nous n'accepterions jamais de nous laisser guider par notre mesquinerie, notre jalousie et nos angoisses. Et nous constatons avec étonnement que, en définitive, ceux qui ne s'en privent pas s'en sortent mieux. Autrement dit, qu'ils ont un ou une chéri(e). Contrairement à nous.

Agir sans réfléchir, ça s'apprend. Si vous essayez, vous constaterez à quel point c'est agréable, et vous serez surpris de l'efficacité de cette nouvelle attitude.

Qui a dit que...

... il faut faire preuve de tolérance dans une relation amoureuse ?

... il ne faut pas utiliser ses sentiments pour manipuler son partenaire ?

... la vie de couple est plus harmonieuse si on cherche moins à contrôler son partenaire ?

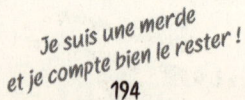

Je suis une merde et je compte bien le rester !

... on ne peut qu'être perdant dans une relation si on emploie des méthodes et des ruses grossières ?

Répondez à ces questions, si ça vous dit :

Estimez-vous que vous feriez mieux d'attendre d'avoir perdu du poids pour draguer ?

Oui

Pensez-vous que les autres ont une vie de couple bien plus épanouie que la vôtre ?

Oui

Jugez-vous qu'une liaison qui n'a pas duré longtemps est un échec ?

Oui

Croyez-vous que d'autres apprécient plus la solitude que vous ?

Oui

Pensez-vous que vivre seul renforce la personnalité ?

Oui

Si votre partenaire était conforme à vos attentes, auriez-vous envie d'en changer ?

Oui

Pensez-vous que travailler sur ses traumatismes d'enfance aide à résoudre les difficultés de la vie de couple ?

Oui

Pensez-vous qu'inconsciemment vous rejouez perpétuellement une scène qui s'est déroulée pendant votre enfance ?

Oui

Vous envisagez une séparation parce que vous n'aimez plus votre partenaire comme autrefois. Vous sentez-vous coupable d'en être incapable ?

Oui

Estimez-vous qu'il n'est pas bon de se précipiter dans une nouvelle liaison après une séparation ?

Oui

7.
La réussite, une aliénation !

Faire carrière, rien de plus emmerdant

Il y a quelques années, une jeune femme a montré on ne peut plus clairement que donner le meilleur de soi n'a plus rien d'exaltant : je pense à cette athlète chinoise qui n'a remporté « que » la médaille d'argent de sa discipline aux Jeux olympiques de 2008. En larmes, elle a avoué sa honte de n'avoir pas pu offrir une médaille d'or à son pays.

Pourtant, même si elle avait obtenu la récompense suprême, elle n'aurait sans doute pas été heureuse.

À observer ceux qui réussissent le mieux, force est de constater que le succès ne leur a pas apporté ce qu'ils espéraient.

C'est ainsi, par exemple, que le lien entre sport de compétition et dépression a été établi avec le suicide du gardien de but Robert Enke. Sur Internet, on trouve d'un seul clic des galeries de portraits de footballeurs professionnels qui souffrent de *burn out* et/ou de dépression, sur le modèle de la liste des dix femmes les plus mal habillées de Hollywood, ou de celle des animaux les plus dangereux du monde. En 2006, le footballeur espagnol Sergi López Segú s'est jeté sous un train à 36 ans. À l'automne 2003, la presse a expliqué que le séjour en clinique du footballeur professionnel Sebastian

*Je suis une merde
et je compte bien le rester !*
197

Deisler était dû à une dépression. En septembre 2011, c'est l'entraîneur allemand Ralf Rangnick qui a justifié son retrait pour le même motif, alors qu'il n'était à la tête de l'équipe que depuis six mois. La coureuse cycliste allemande Hanka Kupfernagel a reconnu après une dépression avoir mis la barre trop haut dès le début. En novembre 2011, l'arbitre Babak Rafati a été découvert *in extremis* par le président de la Fédération allemande de football dans la baignoire de sa chambre d'hôtel, les veines ouvertes. L'entraîneur de foot britannique Gary Speed s'est pendu peu après.

D'autres célébrités connaissent le même genre de difficultés. Neil Armstrong, le premier homme à avoir marché sur la Lune, a traversé une grave phase dépressive après son alunissage en 1969. Michael Jackson, star mondiale de la pop, aura finalement été incapable d'échapper à son enfance ravagée. Le chef Tim Mälzer, qui anime des émissions de cuisine à la télévision allemande, a souffert de surmenage, à l'image de l'actrice américaine Renée Zellweger. Le rappeur Eminem et la chanteuse Mariah Carey, encore plus illustre que lui, ont été hospitalisés pour la même raison : épuisement complet.

La carrière ou la vie !

Le prix à payer pour quelques instants sous le feu des projecteurs est souvent très élevé. Amy Chua, professeur d'origine chinoise qui enseigne à Yale, a consacré un livre aux méthodes draconiennes qu'elle emploie pour que ses enfants obtiennent des résultats exceptionnels. Cet ouvrage a conduit l'opinion publique américaine à prendre conscience d'un problème jusqu'alors largement négligé : le suicide est la deuxième cause de mortalité des enfants

Je suis une merde et je compte bien le rester !

d'émigrés asiatiques. Ces enfants et ces adolescents ne trouvent apparemment pas d'autre solution pour échapper à leurs parents si bien intentionnés.

L'athlète chinoise, la championne Hanka Kupfernagel ou cette professeur de Yale que l'on surnomme la « Tiger Mom » savent que, dans notre société, seuls les records comptent, et elles acceptent donc cette torture sans hésitation. Leur devise est la suivante : je fais quelque chose à la perfection ou j'y renonce tout de suite. D'ailleurs, leur succès semble leur donner raison : si je suis meilleur que les autres, si j'en fais plus qu'eux, si j'atteins le sommet, j'obtiendrai tout ce qui donne du prix à la vie : attention, argent, sexe, amour et gloire. Mes résultats exceptionnels me permettront de m'affranchir d'une existence ordinaire.

Mais la crainte que cette belle réussite soit éphémère plane constamment : si je relâche mes efforts, je risque de retourner, moi aussi, à une vie ordinaire, affreusement ennuyeuse.

« La nature même des records, explique Werner Katzengruber, veut que l'on ne puisse pas les maintenir éternellement. Tout sportif professionnel le sait. Et le moment du déclin survient généralement plus vite qu'on ne croit. »

Dès que l'on ne réussit pas à reproduire ce que l'on a accompli la veille, une question angoissante se pose : est-ce simplement un mauvais jour, ou serait-ce déjà le début de la fin ? Juste un peu de réussite, juste un peu de célébrité, ça n'existe pas. Il est impossible de négocier avec le public une transition en douceur entre le statut d'idole et celui de moins que rien. Bien des sportifs, bien des stars plus ou

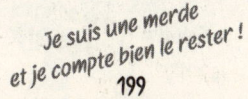

moins célèbres en ont fait l'expérience. Quand le déclin s'amorce, on est traité comme un être ordinaire et on est obligé, comme tout le monde, de subir l'une des plus grandes humiliations que nous réserve la société : n'obtenir d'estime ni pour sa propre personne ni pour le travail accompli. Le seul moyen de retenir l'attention est alors de se supprimer, ou de subir un échec aussi spectaculaire que sa réussite l'a été. Seule une chute vraiment sordide peut encore susciter l'intérêt.

Certains ne mettent pas longtemps à reconnaître qu'ils sont loin de répondre aux critères imposés par la société et n'ont strictement aucune chance de les dépasser. Ils savent qu'ils ne seront jamais les plus beaux, les plus rapides, les plus riches ou les plus créatifs du monde. Ils s'emparent donc de la seule opportunité qui s'offre à eux : ils cherchent à établir des records en sens inverse.

Quand elle était jeune, l'Américaine Donna Simpson, comme beaucoup d'adolescents américains, a lutté contre l'obésité. Sans succès. Un jour, elle a décidé de laisser tomber et a conçu un projet sensationnel : prendre du poids jusqu'à atteindre les 500 kilos et s'assurer ainsi le titre de femme la plus grosse du monde.

Certains deviennent célèbres en décidant de vivre sans argent ni biens, comme l'économiste anglais Mark Boyle. D'autres se défigurent ou se ridiculisent intentionnellement. D'autres encore, motivés par le dégoût ou la colère, annoncent leur intention de faire don de tout ce qu'ils possèdent, à l'exemple du millionnaire suisse Karl Rabeder. L'écrivaine française Catherine Millet a évoqué dans ses livres ses nombreuses aventures sexuelles avec de parfaits

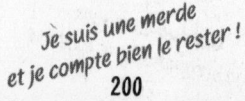

Je suis une merde et je compte bien le rester !

inconnus, s'assurant ainsi le succès du scandale. Du jour au lendemain, certains décident de ne plus aller travailler, ils abandonnent leurs enfants, partent faire la guerre, ne se nourrissent plus que de viande crue, se cachent au fond de la jungle, enfreignent toutes les règles de la décence, ne mentent plus ou choisissent de ne plus prononcer un seul mot. Peu importe que leur objectif initial ait ou n'ait pas été d'attirer l'attention des médias par leurs agissements. Délibérément mis en scène ou atteints par hasard, dus à une disposition personnelle et/ou à des particularités physiques, ce sont les records qui attirent l'attention, pas la moyenne.

Il est évidemment plus original de se détacher du lot par la contestation ou la transgression que par des voies ordinaires. Il est généralement plus amusant de hurler à la face du monde qu'on n'a aucune envie d'être beau, bosseur, intelligent, modeste et riche, que de s'adapter. Et, comme tout le monde n'a pas l'audace nécessaire pour le faire, la concurrence est moins rude.

En effet, le désir d'être célèbre est largement partagé. Ceux qui sont incapables de se réfugier dans la transgression ou dans la protestation sont contraints, pour y parvenir, de participer à des émissions de télé comme « La Nouvelle Star » ou « La France a un incroyable talent ». Elles font se dérouler en un temps record ce que permettent de vivre d'autres carrières, dans l'économie ou la politique. Leurs principes peuvent très bien se transposer à d'autres secteurs :

– On joue en appliquant des règles définies par quelqu'un d'autre.

– On accepte d'être jugé par des membres reconnus par le système.

– Ceux qui vous jugent sont habituellement vos aînés de plusieurs dizaines d'années, et ils vous le font payer.

– On sait que, si l'on ne fait pas partie des meilleurs, on se sera stressé en pure perte.

– On se jure de dire toute la vérité dès que l'épreuve aura été remportée avec succès.

– En cas d'échec, il faut s'attendre à essuyer les réflexions fielleuses et les moqueries du public.

Ceux qui ont déjà renoncé à tous leurs rêves sont confortablement assis devant la télé et se délectent des brimades que d'autres endurent pour avoir la « chance » de se retrouver sous les feux des projecteurs. La souffrance qui leur est épargnée les réconcilie avec l'insignifiance de leur destin. (Sans cela, ces émissions seraient tout simplement insupportables.)

Dans les années 1960, il aurait été impensable qu'un Mick Jagger ou qu'un Frank Zappa acceptent de se faire humilier dans une émission de télé par des hommes et des femmes de trente ou quarante ans de plus qu'eux. L'idée de se rabaisser et de fayoter pour être sélectionné par un public qui n'a franchement rien de révolutionnaire avant d'appeler, sur scène, à la révolte contre le système, voilà qui aurait singulièrement manqué de crédibilité...

Pour faire carrière, on peut donc, selon sa personnalité ou au gré des circonstances, respecter les normes en vigueur ou les renverser et les braver. Une carrière non conventionnelle se distingue d'une carrière conventionnelle par le fait que l'on a défini ses propres règles, que l'on choisit soi-même les critères selon lesquels on veut être jugé.

– On n'est pas obligé de « s'optimiser » pour attirer l'attention et la reconnaissance ; il suffit de mettre ses atouts en valeur.

– On n'a pas à subir la comparaison avec les autres, car cela n'aurait aucun sens.

– On n'a pas à craindre les critiques, car toute réflexion désobligeante sur ceux qui agissent autrement que le commun des mortels retombe sur celui qui la formule.

– On crée une catégorie à part, dans laquelle il n'existe pas de deuxième ni de troisième place.

– On se voit demander son avis plus souvent qu'on ne se fait clouer le bec.

Dans le show-biz en particulier, on subit moins de critiques et d'affronts quand on refuse d'appliquer les règles et que l'on explique clairement pourquoi. Beth Ditto, la chanteuse de The Gossip, pèse plus de cent kilos pour un mètre cinquante-sept – ce qui ne l'empêche pas de se produire dans des tenues hyper-moulantes. Du coup, les médias la présentent comme un nouveau sex-symbol.

Au début de sa carrière, Lady Gaga a essuyé de nombreux refus de maisons de disques, et les rares contrats qu'elle signait étaient rapidement dénoncés. Le label Interscope Records craignait qu'elle ne soit pas assez jolie pour faire carrière. Elle a même été décrite comme « une petite à grosses jambes ». À force de persévérance et avec un plan en

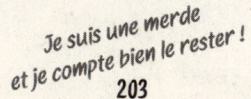

béton, elle s'est fabriqué une image totalement artificielle qui lui a ouvert les portes d'une carrière internationale. En deux ans, elle a raflé cinq Grammy Awards. Quand on est une icône du style comme Lady Gaga et que l'on a déjà vendu plus de 87 millions de disques, on se fout royalement de ce qu'un chanteur de variétés sur le retour pense de vos jambes !

Le jour où Karl Lagerfeld a déclaré dans une interview qu'il trouvait la chanteuse Adele « trop grosse », il a provoqué un tollé médiatique. Le couturier a été obligé de retirer ses propos. Sans doute ne s'attendait-il pas à la réaction passionnée des fans d'Adele, qui ne défendaient pas seulement leur idole mais leur refus des critères de beauté consensuels.

Pourtant, celui qui refuse les normes est, lui aussi, tenu de réussir. Sans gloire ni attention, il est très difficile de savourer sa différence. Sans parler des inconvénients financiers que cela entraîne...

Je ne crois pas que l'on puisse encore, aujourd'hui,
avoir le sentiment d'être quelqu'un, sans être en même temps un marginal.
Il y a cependant une condition : il faut être un marginal qui a réussi.
Autrement, on n'est qu'un loser.
Wilhelm Genazino

Vive le dilettantisme

Pour avoir une chance d'atteindre le sommet, il faut accepter de prendre de sacrés risques : si cette réalité constitue pour certains tout le piment de l'aventure,

Je suis une merde
et je compte bien le rester !

d'autres ne l'acceptent que contraints et forcés. De plus, rien ne garantit qu'engagement et efforts conduiront aux résultats voulus. Quand on veut faire carrière, le talent et la persévérance ne suffisent pas. La chance et les circonstances déterminent également qui gagnera et qui perdra.

Pendant des années, on fait du tennis ou du foot, on s'entraîne, on s'applique, on suit des cours du soir après le boulot, on renonce à ses loisirs et à son sommeil. On risque sa santé et ses amitiés, on danse, on chante, on fait des conférences gratuitement. Simplement parce que l'on espère être un jour payé de ses peines en retour. On fait tout cela pour réussir, et l'on va jusqu'à refuser d'envisager d'autres voies, qu'il faudra pourtant bien emprunter si les choses ne se passent pas comme prévu.

On sera champion de tennis – ou prof de tennis. On dansera dans un corps de ballet réputé mondialement – ou on gagnera sa croûte comme simple prof. On exercera une fonction politique – ou on reprendra son ancien métier. Je serai l'auteure acclamée de best-sellers – ou bien je recommencerai à donner des cours d'écriture créative dans mon quartier. Des journalistes en free-lance vivent du RSA avec l'espoir de percer un jour. Des artistes sont chauffeurs de taxi ou serveurs pendant de très longues années. D'excellents pianistes s'en sortent en donnant des leçons particulières, parce qu'ils ne font pas partie des cinq cents meilleurs du monde...

En fait, une société dans laquelle, théoriquement, chacun a la possibilité d'exprimer ses talents (et où il n'existe pas de revenu de base universel) ne permet pas davantage de s'épanouir qu'une société où ce privilège est réservé aux dix mille plus riches. Beaucoup de gens ont suivi une bonne formation et veulent exploiter leurs talents. Mais, pour résister face à une concurrence exponentielle, il faut très tôt réfléchir à la carte sur laquelle on va miser. Car on ne peut pas changer de métier comme de chemise : ça ne ferait qu'accorder inutilement un avantage de plus à nos concurrents.

Or, cette nécessité s'oppose diamétralement à la réalisation de soi : pour se réaliser, il faut avoir la liberté de faire des essais. La liberté de découvrir sans se presser ce qui nous tient le plus à cœur, et à quel point. Être libre, c'est également pouvoir changer d'avis aussi souvent qu'on le souhaite. Pouvoir s'illusionner, puis changer son fusil d'épaule en ayant un peu progressé. Se réaliser, ce n'est pas seulement pouvoir faire ce dont on a envie. Car ce dont on a eu envie hier peut très bien avoir perdu de son charme aujourd'hui. La vraie possibilité de réalisation personnelle serait de pouvoir multiplier les essais toute notre vie, c'est-à-dire danser aujourd'hui, diriger une entreprise demain et cultiver des légumes après-demain.

Dans une société qui évalue les performances, on ne peut malheureusement pas prendre le temps de se chercher comme on le voudrait. Pour devenir quelqu'un, il faut exercer la même activité tous les jours, pendant des années et des années, bon gré mal gré.

Je suis une merde et je compte bien le rester !

Choisir entre aventure
et succès professionnel

On a tendance à croire qu'il est génial d'être haut placé dans la société : ceux qui le sont sont invités à des débats télévisés, on leur demande leur avis sur tout, leurs idées sont reprises et discutées par des personnalités. Leur téléphone sonne dès l'aube, et de parfaits inconnus prennent de leurs nouvelles. L'opinion publique suit attentivement tous leurs succès, ils ont des admirateurs et une foule d'amis, ils voyagent beaucoup et usent de leur influence – soit pour faire le bien, soit pour s'enrichir.

Une belle carrière compte indéniablement parmi les ingrédients d'une vie riche et épanouie, c'est même le symbole d'une existence bien remplie.

Cette idée se heurte pourtant à une autre image de la réussite véhiculée par les médias : celle d'une jeunesse qui fait la fête, qui entreprend des voyages fabuleux et qui multiplie les aventures amoureuses passionnées ; bref, qui prend du bon temps avec d'autres jeunes, un peu comme dans un spot de pub. La maturité venue, l'existence de celui qui a réussi n'est pas moins trépidante. Il évolue dans le monde avec une étonnante décontraction, il fréquente les habitants d'autres pays, parle plusieurs langues, pratique une multitude de sports et fait attention à sa ligne ; et puis, évidemment, en bon citoyen du monde, il connaît tout de la scène musicale internationale et sait quelle est l'architecte à la mode. Quand il reçoit ses amis, il leur sert des plats raffinés dont il a lui-même inventé les recettes. Sa famille peut aussi compter sur lui. Dans une vie pareille, pleine de

Je suis une merde
et je compte bien le rester !
207

moments forts et de sensations, faire carrière n'est plus qu'accessoire.

Le succès professionnel exigeant une bonne dose d'autodiscipline et de renoncement, on comprendra immédiatement que ces deux projets de vie sont inconciliables. Quand on demande à ceux qui ont derrière eux un brillant parcours professionnel ce qu'ils changeraient s'ils pouvaient repartir de zéro, les réponses ont tendance à se ressembler. Ils regrettent de ne pas s'être davantage consacrés à leurs amis ou à leur famille, ou de n'avoir pas pris le temps de profiter de la nature, par exemple.

Une carrière devenue accessoire

Faire carrière, nous l'avons dit, n'est pas le meilleur moyen de mener une vie pleine de diversité. Or, dans la mesure où celle-ci est le dictat du moment, il n'y a qu'une solution : devenez acteur ! C'est LE métier d'aujourd'hui.

Quand on est comédien, on peut être tour à tour médecin ou grand cuisinier, sans être obligé de le devenir pour de vrai. Être acteur vous affranchit de la tyrannie des possibilités. Vous pouvez vous mettre dans la peau d'un architecte, d'un mathématicien ou d'une résistante, aussi facilement que l'on choisit une nouvelle coiffure ou un nouveau vêtement – avec, en prime, plus de notoriété que si vous étiez vraiment architecte, mathématicien ou résistante. Vous pouvez découvrir ce que l'on éprouve quand on attaque une banque ou que l'on sauve la vie de cinq cents personnes. Vous ratez vos examens pour la deuxième fois ou vous

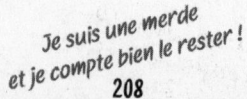

perdez votre fortune au casino ? Aucune importance ! Et en plus, si on vous tire dessus, vous vous relevez.

Quand sa fille de 13 ans a refusé de travailler son violon plus de trois heures par jour, Amy Chua a fait monter la pression d'un cran. Mais quand l'adolescente lui a balancé son assiette à la figure en hurlant qu'elle détestait le violon et qu'elle la détestait aussi, l'enseignante de Yale a fait preuve de compréhension. De toute évidence, une insurrection aussi massive ne lui permettrait jamais de transformer sa fille en virtuose. Elle l'a donc autorisée à faire autre chose, non sans l'avoir prévenue qu'elle devrait aller jusqu'au bout de ce nouveau choix : pas question de tout envoyer balader une seconde fois. Sa fille a choisi le tennis. Cette décision n'a guère convaincu la mère, pour qui l'échec était inévitable : commencer le tennis à 14 ans, c'était faire une croix sur une carrière internationale.

Peu de temps après, le professeur de tennis de sa fille lui a fait savoir qu'il avait rarement vu une élève s'entraîner avec autant d'acharnement – tout en sachant que, malgré tous ses efforts, il lui serait impossible de passer professionnelle. Dans son ouvrage *L'Hymne de bataille de la mère Tigre*, Amy Chua reconnaît que, pour elle, une activité n'a de sens que si on la pratique à la perfection et que l'on peut en tirer profit. Bien des gens sont scandalisés que l'on puisse vouloir imposer pareille idée à ses enfants. Malgré l'indignation qu'il a suscitée, ce livre a fait un tabac aux États-Unis et en Allemagne. Certains parents l'ont certainement acheté pour se déculpabiliser : ne tirant pas le maximum d'eux-mêmes ni de leurs enfants, ils cherchaient dans cet ouvrage la preuve réconfortante que le dressage et la discipline contribuent, certes, à la réussite, mais rendent avant tout malheureux. D'autres espéraient y trouver une recette pour améliorer les performances de leurs enfants.

De toute évidence, et même s'ils prétendent le contraire, beaucoup de gens approuvent secrètement Amy Chua. L'image que l'on se fait d'une activité utile apparaît très bien dans l'éducation des enfants. À Prenzlauer Berg, par exemple, un quartier bobo de Berlin où les jeunes familles sont nombreuses, les écoles de musique ne désemplissent pas. Pas un couple de parents qui n'ait inscrit ses enfants à un cours de musique. Pourtant, on ne vous invite jamais à une soirée musicale en famille. La plupart des parents sont d'ailleurs incapables d'aider leurs enfants à travailler leur instrument, car ils ne savent pas lire une note de musique. Ils n'obligent pas leurs enfants à jouer d'un instrument parce qu'eux-mêmes aiment la musique et aimeraient bien partager cela avec eux, mais de peur de passer à côté d'un de leurs dons éventuels. Quand, au terme de plusieurs années de cours de piano (ou de danse), il faut bien se rendre à l'évidence et admettre que l'enfant n'a aucune disposition, les parents sont furieux : s'ils avaient su, ils l'auraient obligé à investir ce précieux temps dans une autre activité.

La moindre aptitude d'un enfant doit être mise à profit.

Le pire, c'est que cette course permanente à la performance s'accompagne d'une autre exigence que personne ou presque ne peut satisfaire : il faut donner le meilleur de soi dans l'enthousiasme et la satisfaction. Car – et c'est bien ce que cette exigence a de perfide – il est bien évidemment impossible de réaliser des exploits sans en tirer du plaisir.

Chacun sait pourtant que faire tous les jours la même chose n'a rien d'amusant. Il est inhumain d'attendre de quelqu'un qu'il s'adonne avec passion à une seule et même occupation pendant de longues années. Et obliger quiconque à faire quelque chose dont il n'a plus envie est même le meilleur moyen de l'en dégoûter.

Plaisir et performances s'excluent mutuellement.

Il y a sans doute des génies qui consacrent leur existence à une seule activité de leur plein gré, parfois même contre l'avis de leur entourage. Des artistes qui passent douze heures ou plus par jour à peindre ou à jouer du piano alors que leurs parents, leurs professeurs, leurs amis lèvent les bras au ciel parce qu'ils auraient voulu qu'ils deviennent avocats ou ingénieurs. Même les punitions les plus sévères n'empêchent pas le génie artistique de céder à sa vocation. Il est prêt, pour la servir, à aller jusqu'à ses limites physiques et mentales. Et même au-delà. Il y a sûrement des gens comme ça.

Mais, pour le commun des mortels, cette obligation de spécialisation et de performance est un supplice. Quand on n'est ni un génie ni un autiste, et encore moins les deux, on a envie de poser son violon ou sa raquette au bout de deux heures. On a faim, on a soif, ou on a envie de faire pipi. Après avoir travaillé dur pendant un bon moment, les gens ordinaires ont envie de téléphoner à un ami, de regarder un film ou d'aller boire un café au soleil.

Je suis une merde et je compte bien le rester !

Le mythe du génie a beau être un thème récurrent dans la littérature et dans l'art, cela n'empêche pas le génie d'être exceptionnel. Si vous observez attentivement comment s'obtiennent les performances hors du commun, vous constaterez que c'est bien souvent au prix de sacrées galères et de nombreuses souffrances. Ajoutons que les génies ne produisent pas toujours leurs chefs-d'œuvre par choix. Michael Jackson a mené une carrière internationale au prix d'un entraînement brutal imposé par son père Joseph, sans en tirer le moindre plaisir. Le souvenir des punitions et des coups paternels lui valait encore des crises de panique et des épisodes dépressifs à l'âge adulte.

Si vous vous torturez, ne vous reprochez pas en plus de ne pas aimer ça.

Amy Chua écrit à juste titre que, livrés à eux-mêmes, les enfants n'auraient pas l'idée de dépasser leurs limites. On doit les y pousser. Il faut leur inculquer ambition et discipline. Sur un point, elle est plus honnête avec ses enfants que beaucoup d'autres parents : elle ne leur demande pas de faire semblant de réaliser par pure joie de vivre ce à quoi on les contraint. Elle ne les force pas à faire comme s'ils dansaient, peignaient, écrivaient, faisaient de la musique et apprenaient plusieurs langues étrangères les doigts dans le nez et comme si c'était un jeu.

L'indignation suscitée par la « Tiger Mom » est d'autant plus grande que son livre est un véritable manifeste contre l'hypocrisie de notre société. Bien des adultes projettent en effet sur leurs enfants l'illusion que ceux-ci n'appréhendent pas le travail comme une corvée – et qu'eux, les adultes, pourraient retrouver cet état d'innocence originelle, pourvu

Je suis une merde et je compte bien le rester !

qu'ils parviennent à faire tomber un certain nombre de barrières psychiques. L'enseignante de Yale ne croit pas à ces niaiseries et dit clairement que les enfants n'aiment pas se donner du mal. Mais qu'il faut vaincre leurs résistances si l'on veut leur faire obtenir des résultats exceptionnels. Ses filles ne sont pas rongées de culpabilité quand elles rechignent à prendre leur archet à cinq heures du matin pour travailler une heure avant l'école. Elles savent de quel côté de la ligne de front elles se situent. Elles n'ont l'impression de redevenir libres et vivantes qu'en se révoltant contre leur mère, en jetant leur archet par terre et en criant : « J'en ai marre ! » Pour éprouver une authentique joie de vivre, il faut briser ses chaînes. Cette leçon est plus importante que toutes les carrières ou tous les arts du monde.

La vie commence à valoir le coup quand on crie : plus question d'accepter ça !

Malheureusement, bien des gens sont incapables de briser leurs chaînes parce qu'ils ne les voient même pas. Lorsque des enquêteurs leur demandent ce qu'ils aimeraient changer en eux, là, tout de suite, beaucoup répondent qu'ils aimeraient bien être plus persévérants, plus disciplinés et plus bosseurs. Les jeunes, souvent, souhaitent arriver plus facilement au bout de ce qu'ils entreprennent. Autrement dit, ces jeunes se sentent coupables d'éprouver des besoins humains parfaitement normaux : quiconque écoute ses besoins légitimes n'a plus qu'à se retirer du jeu, car il ne satisfait plus aux exigences actuelles.

J'ai assisté un jour à une manifestation à laquelle le maire de Berlin, Klaus Wowereit, avait invité des « créatifs » pour discuter avec eux des opportunités et des problèmes

*Je suis une merde
et je compte bien le rester !*

de la ville. Assis sur l'estrade, un célèbre styliste berlinois a retracé son parcours professionnel : pour en arriver là, il avait travaillé pendant de longues années, de sept heures du matin jusque bien après minuit. Personne ne lui a demandé s'il n'exagérait pas. Personne n'a cherché à savoir si ce débat plutôt décontracté, suivi d'un buffet, était inclus dans ses horaires de travail ou pris sur son temps libre. Après tout, il avait été invité pour contribuer à répandre l'idée que, pour réussir, même un créatif doit bosser au moins douze heures par jour. Que ceux qui travaillent moins ne méritent pas le succès. (Et, *a fortiori*, que les artistes qui ne triment pas comme des bêtes sont entièrement responsables de la précarité de leur situation et ne doivent plus compter sur l'assistance du maire de Berlin ; message communiqué au public on ne peut plus clairement.)

Au XVIIIe siècle, on ne se vantait pas de travailler soixante-dix heures ou plus par semaine. En ce temps-là, le professionnel enviait l'amateur, car ce que le professionnel qualifié était obligé de faire pour gagner sa vie, l'amateur pouvait le pratiquer pour son plaisir. On a d'ailleurs inventé un mot pour qualifier les bienheureux qui pratiquaient une activité par pur plaisir, au gré de leurs envies. On les a appelés des « dilettantes ». « Dilettante » vient de *diletare*, « se réjouir ». Et ce terme ne possédait aucune connotation péjorative.

On avait alors parfaitement conscience qu'il n'était donné qu'au dilettante de se réaliser pleinement : il peut faire de la musique, danser, écrire, jouer la comédie, peindre et philosopher quand ça lui chante. Un dilettante peut multiplier les expériences. Personne ne s'offusque s'il y a

*Je suis une merde
et je compte bien le rester !*
214

quelques fausses notes dans le morceau de musique qu'il joue à ses amis, ou si, lors d'une représentation, il oublie son texte appris à la va-vite, ou s'il peint des aquarelles d'une banalité affligeante. Il peut se permettre d'affirmer qu'une œuvre est achevée, alors qu'elle aurait encore grand besoin d'être améliorée, il peut improviser pour dissimuler ses faiblesses, composer des rimes boiteuses, chanter sans savoir lire la musique et, surtout, remiser sa raquette de tennis et son violon pendant des mois parce qu'il estime avoir mieux à faire.

Si l'on devient un pro, il ne faut s'en prendre qu'à soi.

Le dilettantisme permet d'échapper à la contrainte du record. C'est l'unique recette d'une vie épanouie et pleine de diversité. Il permet d'échapper au phénomène qui veut que, dans notre société de performances, tout choix librement consenti finisse par vous placer sous la coupe d'autrui. À peine s'est-on découvert le moindre talent que germe la possibilité d'« en faire quelque chose » – avec, pour conséquence inéluctable, de vous enfermer dans un carcan d'apprentissage, d'exercices et de formation. Ce qui relevait du plaisir se transforme en devoir, et, du coup, on n'a plus qu'une envie – il s'agit d'une réaction psychique tout à fait normale : se défiler.

Vouloir « arriver à quelque chose », c'est s'asservir, devenir dépendant de son propre résultat, de son public et du hasard. De plus, il faut constamment veiller à ne pas retomber de la position que l'on a atteinte. Quiconque possède la moindre indépendance d'esprit refusera de participer à un tel cirque.

Les esprits libres n'ont besoin ni d'acclamations ni d'approbation.

Je suis une merde et je compte bien le rester !

Le dilettantisme présente cependant un inconvénient qu'il est impossible d'ignorer : quand on refuse d'être l'esclave de ses plans de carrière, on conserve sa liberté, certes, mais on a peu de chances d'accéder à la richesse et/ou à la célébrité. Un homme libre risque fort de rester loin des feux des projecteurs toute sa vie. Ses propos ne seront débattus dans aucune émission politique ni dans les pages culture des journaux, parce qu'il n'apporte aucune contribution particulière et exceptionnelle à la société. Qui a envie d'être libre si cette belle liberté le condamne à l'insignifiance ? Personne non plus ne souhaite renoncer au projet de gagner beaucoup d'argent, même si toutes les recherches prouvent qu'un revenu élevé ne rend pas plus heureux. L'économiste suisse Bruno S. Frey, qui a étudié la corrélation entre argent et bonheur, a fait remarquer qu'il est tout de même plus confortable de voyager en taxi qu'en métro... Si on avait le choix, on préférerait être célèbre et se plaindre publiquement de l'assujettissement que cela entraîne plutôt que d'être assis sur son canapé, libre et seul, et de s'affliger de n'être pas célèbre.

Il ne faut cependant pas oublier que le prix de la liberté se paie, même si on ne réussit pas à faire carrière. Et que, dans ce cas, il est sans commune mesure avec le résultat.

À partir de quand ça ne vaut plus la peine de faire carrière ?

LA RÉPONSE DE LA THÉORIE DES JEUX

L'économiste allemand Christian Rieck décrit la stratégie particulière d'une carrière de médecin-chef grâce à la théorie des jeux. Pour devenir médecin, il faut d'abord suivre des études difficiles et rébarbatives. Pour être admis en fac de médecine, il faut avoir été en tête de sa classe au lycée ou se donner un mal de chien pour décrocher une place. Il faut ensuite bosser soixante-dix heures par semaine minimum, comme interne pour commencer, en échange d'un salaire de stagiaire, puis pour gagner ce qui, de nos jours, représente à peine de quoi s'acheter un petit appartement. Et tout cela au sein de structures hiérarchiques humiliantes. Pourtant, on trouve des gens qui rêvent de devenir médecins !

Pour Christian Rieck, ceux qui décident de faire médecine acceptent de se livrer à une sorte de course à l'échalote. Ils ont les yeux rivés sur l'image du médecin aisé, confortablement installé, qui gagne cent cinquante mille euros par an et exerce dans un cabinet moderne dont la vente lui rapportera une petite fortune le jour où il prendra sa retraite. Un tel objectif vaut bien quelques privations.

Le problème, c'est que, dans ce jeu, tous n'atteignent pas la ligne d'arrivée. Quelques-uns seulement deviendront médecins-chefs ou auront un cabinet réputé. Même si les heureux élus sont suffisamment nombreux pour que cette course attire une foule de participants. Certains renonceront en cours de route – pendant leurs études ou pendant leur longue période d'essai – et se retireront ainsi de la compétition. Mais, pour les autres, la perspective de toucher le gros lot compense le peu de chances d'arriver au but, des chances d'autant plus faibles que l'importance de ce gros lot incite un grand nombre de candidats à s'obstiner. « Mais le monde a changé », explique Christian Rieck, « et avec la réforme du système de santé, il est devenu beaucoup moins rentable de s'installer comme médecin. Arrivés au cœur de l'action, les candidats sont de plus en plus nombreux à constater que le gros lot est moins lucratif qu'avant – et à s'en mordre les doigts. Les hommes politiques qui ont décidé de rogner les revenus des médecins installés espéraient faire des économies. Mais ces mesures ont privé les médecins hospitaliers du pactole qu'on leur faisait miroiter s'ils remportaient la course – du coup, ils sont moins disposés à se laisser exploiter. »

Il est incontestable que certains font plus facilement carrière que d'autres. Ceux-là donnent l'impression d'être plus travailleurs et plus opiniâtres que la moyenne, et ils savent manifestement ce qu'ils veulent depuis leur naissance. Mais peut-être est-ce plutôt parce qu'ils envisagent différemment les inconvénients d'une carrière.

Le prix de la liberté est en effet nettement plus faible si je ne sais pas quoi faire de cette liberté. Si, pour moi le temps libre, les loisirs, l'amitié et l'autonomie sont un poids plus qu'une joie. Si je préfère fuir la vie et que je ne vois pas d'inconvénient à passer ma jeunesse au fond d'un labo ou d'un bureau.

Je suis une merde et je compte bien le rester !

Ces gens-là se sentent plus en sécurité quand leur avenir est soigneusement structuré et balisé. Ils ne connaissent pas le doute, car celui-ci ne ferait que les détourner du travail.

À quelle catégorie appartenez-vous ? Préférez-vous être libre ou célèbre ? Quelle est votre aptitude à la souffrance ? Préférez-vous disposer de beaucoup d'argent ou de beaucoup de temps à consacrer à vos proches ? Avez-vous envie de vous tester, de mieux vous connaître, ou redoutez-vous de vous retrouver face à vous-même ? Pensez-vous que la vie, c'est maintenant, ou plus tard ? Vous le saurez grâce au test suivant.

Testez votre liberté en trois questions

Quand vous vous fixez des objectifs ambitieux, est-ce pour vous une contrainte ou une liberté ? Pour mieux cerner vos motivations, Werner Katzengruber recommande de se poser trois questions déterminantes avant de se lancer.

1. POURQUOI EST-CE QUE JE FAIS ÇA ?

Dans sa fable *La Leçon de pêche*, Heinrich Böll relate la rencontre entre un touriste et un pêcheur dans un port méditerranéen. Le pêcheur est assis au soleil, et le touriste lui demande pourquoi il n'est pas en mer. Le pêcheur répond qu'il a déjà pris suffisamment de poissons pour aujourd'hui. Le touriste lui conseille d'en pêcher plus, de monter une petite entreprise en achetant d'autres bateaux, pour pouvoir ensuite embaucher d'autres pêcheurs qui travailleront à sa place. « Pourquoi ferais-je une chose pareille ? interroge le pêcheur. – Comme ça, lui explique le touriste, dès que

Je suis une merde et je compte bien le rester !

ton commerce tournera, tu pourras rester assis au port, à profiter du soleil. – Mais c'est déjà ce que je fais ! » rétorque le pêcheur.

Le récit de Böll montre bien la raison pour laquelle il faut se demander : « Pourquoi est-ce que je fais ça ? » : il s'agit de savoir clairement ce que l'on cherche à atteindre au prix de tant d'efforts. Si, par exemple, pour moi, telle ou telle situation professionnelle est synonyme de temps libre et de plaisir, je ferais bien de me demander si je ne pourrais pas obtenir tout ça, ici et maintenant, dès à présent.

Vouloir faire carrière, c'est repousser à plus tard satisfaction et bonheur. Mais il n'est pas bon que la distance entre un besoin et sa satisfaction soit trop grande. Ai-je décidé de travailler comme une bête des années durant en mettant de l'argent de côté pour pouvoir un jour m'acheter une villa et donner des fêtes enivrantes dans ma propriété ? Pourquoi ne pas les donner dès aujourd'hui, dans le parc d'en face ? La même réflexion s'applique aux voyages et aux hobbies, et à tout ce que je ferais mieux de faire maintenant au lieu de le remettre à demain. Qui sait si demain j'en aurai encore envie et si je serai encore en mesure de le faire ?

Est-ce que je me torture (sans résultat notable) depuis des années en multipliant les régimes et les activités sportives parce que j'espère obtenir un corps de déesse qui me vaudra l'approbation de la société ? La solution ne serait-elle pas de rencontrer des gens qui partagent mes idées et d'adhérer, par exemple, à une association contre la discrimination à l'égard des gros, au lieu de courir toute seule autour du pâté de maisons ?

Je suis une merde
et je compte bien le rester !
220

La question « Pourquoi est-ce que je fais ça ? » permet de mieux identifier ses motivations. Dans certains cas, un objectif ambitieux n'est qu'un subterfuge permettant de repousser dans un avenir inaccessible ce dont on a vraiment envie. Car ce qui appartient à l'avenir ne peut pas vous décevoir dans le présent.

2. QUI DIT QUE C'EST BIEN ?

Ai-je choisi de faire carrière parce que c'est ce que d'autres attendent de moi, réellement ou prétendument ? Est-ce que je travaille plus que je ne le voudrais parce que j'ai peur de ne plus être au top ? Suis-je dépendant de l'image que mes parents ou mes amis se font de moi ? Suis-je convaincu qu'il est important d'atteindre certains buts dans la vie parce que c'est ce que j'ai lu dans le journal ou vu à la télé ? Tout le monde a-t-il besoin de se lancer des défis ?

Pour savoir si l'objectif que vous vous êtes fixé vous correspond vraiment, un conseil : soyez méfiant si ce que vous faites plaît au plus grand nombre.

3. QU'EST-CE QUE JE VAIS BIEN POUVOIR FAIRE QUAND J'AURAI ATTEINT MON OBJECTIF ?

Quand je serai allé sur la Lune et que j'en serai revenu, et qu'après quelques moments d'euphorie l'opinion publique s'intéressera à autre chose, que ferai-je ? Pour l'astronaute Neil Armstrong, aller sur la Lune a été l'apogée de sa vie, et il a eu du mal à gérer la suite. Ça n'a rien d'étonnant : après une carrière d'astronaute, quelle reconversion pourrait ouvrir des perspectives aussi passionnantes ?

La question « Que ferai-je quand j'aurai atteint mon objectif ? » ne se pose pas seulement aux champions de foot et aux chanteurs à succès qui ont effectivement tout intérêt à se demander suffisamment tôt comment ils reprendront une existence ordinaire aussi digne que possible après le sommet de leur carrière.

Atteindre un objectif s'accompagne inévitablement d'une certaine déception si l'on considère celui-ci comme un point fixe, c'est-à-dire comme un résultat qui se prépare pendant des années et qui doit vous récompenser de tous vos efforts.

Atteindre un but n'apporte jamais ce que l'on espérait, car on ne peut pas se réjouir éternellement d'un état – d'être écrivain ou actrice, par exemple. C'est évidemment super d'avoir écrit un livre que l'on trouve dans toutes les librairies. Le souci, c'est que, à peine a-t-on fini de l'écrire, il faut trouver ce que l'on a envie de faire maintenant, parce que, après tout, la vie continue. Aussi est-il préférable de ne pas s'intéresser seulement au but – être écrivain –, mais au processus – écrire. Et si ce processus ne vous intéresse plus, il vaudrait mieux que vous sachiez quoi faire, même si le but que vous vous êtes fixé n'est pas encore atteint.

Tant que vous prendrez vos objectifs trop au sérieux et que vous ne saurez pas vraiment pourquoi vous voulez les atteindre, restez sur votre canapé : cela vous fera économiser du temps et de l'argent et, surtout, beaucoup de fatigue. Vous pourrez ainsi vous demander paisiblement si vous êtes prêt pour autre chose, pour un projet de vie d'une telle audace et d'une telle insolence, si provocateur

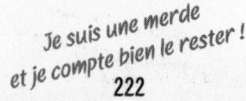

Je suis une merde
et je compte bien le rester !
222

que peu de gens dans votre entourage prendront conscience de sa nature révolutionnaire. La vraie lutte de libération contre toutes les attentes sociales consisterait à décider de mener une vie parfaitement ordinaire, irrémédiablement médiocre. Sans la moindre ambition, vous pourrez ainsi établir un nouveau record en devenant l'être le plus moyen de tous les êtres moyens.

Ces raisins sont trop verts

Quand on brigue un poste qui ne peut s'obtenir qu'au prix d'immenses efforts et d'une chance exceptionnelle, ou qui est purement et simplement inaccessible, il faut bien se consoler en cas d'échec. On fera alors instinctivement le nécessaire en entreprenant de dénigrer cet objectif inatteignable selon la célèbre formule de La Fontaine : « Ces raisins sont trop verts. » Cette solution n'a pas bonne presse : s'en sortir comme ça, c'est un peu trop facile, dit-on. C'est pourtant une méthode efficace pour retrouver un peu de sérénité, surtout si, une fois de plus, le nombre prétendument infini de possibilités qui s'offrent à nous nous a conduits droit dans le mur.

Au cours de notre existence, les rêves que l'on est forcé d'enterrer sont infiniment plus nombreux que ceux que l'on réalise. Examiner à la loupe les fantasmes auxquels il vaut mieux renoncer ne peut pas nuire. Un adulte a tout intérêt à opposer un minimum de sens des réalités à l'exhortation omniprésente et indifférenciée qui le pousse à vivre ses rêves.

Penser que « ces raisins sont trop verts » aide à combattre les sentiments de jalousie et les remords inutiles, et à porter un regard plus lucide sur les choses. Après tout, chaque médaille a son revers.

Avec un minimum de rigueur, chacun peut se débarrasser de cette envie de faire carrière et de devenir riche. Voici une liste de pense-bêtes utiles.

– Vouloir faire carrière, c'est se condamner à n'avoir presque plus de temps à consacrer à ses amis et à sa famille.

– Un homme politique est perpétuellement obligé de se justifier devant de parfaits inconnus et de rester aimable même face aux reproches les plus absurdes, faute de quoi il ne sera pas réélu.

– Dès qu'on a une certaine présence médiatique, le moindre lapsus, la moindre maladresse et le moindre épi feront l'objet de commentaires, et il faudra faire comme si de rien n'était.

– Quand on est célèbre, on ne peut même pas aller faire du shopping tranquillement, ni prendre un café en terrasse sans être dévisagé comme une bête curieuse.

– Si on gagne beaucoup d'argent, il faut le gérer, ce qui donne un travail fou et impose beaucoup de décisions difficiles.

Les grandes ambitions appauvrissent

En 1952, le réalisateur Giuseppe de Santis a tourné *Onze heures sonnaient*, un film inspiré d'une histoire vraie. Ça se passe à Rome, au début des années 1950, une époque où

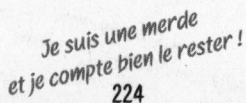
Je suis une merde et je compte bien le rester !

le taux de chômage était élevé. Trois jeunes femmes lisent une petite annonce dans le journal : un cabinet d'avocat cherche une sténodactylo. Elles décident de tenter leur chance. Mais, quand elles arrivent à l'adresse indiquée, une longue file s'est déjà formée devant l'immeuble. Plus de deux cents candidates attendent d'être reçues par l'avocat, dont le cabinet est au quatrième étage. Elles se battent dans la cage d'escalier pour passer les unes devant les autres. L'avocat n'accordera d'entretien qu'à une poignée d'entre elles, apprennent les trois nouvelles arrivantes. Qu'à cela ne tienne, elles prennent quand même place dans la queue, qui continue de s'allonger derrière elles. Au bout de trois quarts d'heure, un assistant de l'avocat fait savoir à toutes les candidates qu'elles peuvent rentrer chez elles, car on ne recevra plus personne. Personne ne bouge. Et soudain, c'est la catastrophe : l'escalier s'effondre sous le poids de celles qui attendent. Une demi-douzaine de jeunes filles trouvent la mort dans les décombres, beaucoup sont grièvement blessées.

Les femmes de ce film sont aux abois : même si le nombre de candidates ne leur laissait aucune chance d'obtenir le poste convoité, elles ont tout de même fait la queue, prêtes à chasser leurs rivales à coups de poing. Et, en définitive, à risquer leur vie.

Le spectateur est inévitablement conduit à se demander s'il aurait pris place dans cette interminable file. Ces jeunes femmes n'auraient-elles pas pu trouver un autre moyen de sortir de leur misère et de leur désespoir ? Celui qu'ont employé, par exemple, les jeunes Israéliens qui, il y a deux ans, ont dressé un immense camp de tentes au centre de

Tel-Aviv pour protester contre les loyers trop élevés et le chômage des jeunes ?

Aujourd'hui, même si on ne les voit pas, les concurrents sont là. Ils ne font pas la queue dans l'escalier, mais envoient leur CV. En réalité, être au désespoir parce que l'on ne sait pas comment vivre au jour le jour ou parce que l'on prend conscience de la quasi-impossibilité d'obtenir le job que l'on voudrait ne fait pas une grande différence.

Décrocher une bourse d'artiste est aujourd'hui bien plus difficile que d'obtenir un emploi de sténodactylo dans l'Italie d'après-guerre. Des réalisateurs déjà établis courent après des aides et, une fois leur scénario rédigé, doivent le modifier une bonne dizaine de fois pour répondre aux exigences de la société de production ou du diffuseur – avant que leur texte ne se retrouve, bien souvent, au fond d'un tiroir. Aucun auteur de cinéma (ou presque) ne pourrait vivre des indemnités d'annulation prévues pour cette procédure humiliante.

Les ambitieux se font exploiter.

Si la volonté de prendre en main son destin, même dans des conditions difficiles, est en principe très louable, elle risque de détourner votre attention de l'essentiel. Il faut avoir conscience que l'épanouissement de son talent passe toujours par l'acquisition d'une plus grande autonomie, et l'on s'aperçoit rapidement qu'il n'est pas toujours judicieux de chercher à accéder à celle-ci en renonçant à son droit de disposer de soi. Or, c'est bien ce que font tous ceux qui acceptent des conditions de travail qui les obligent à trimer à temps plein tout en étant obligés de faire appel à l'État, à leur conjoint ou à leurs parents pour compléter leur salaire de misère.

On a déjà longuement épilogué sur ce qui pousse tant de gens à se résigner à des conditions de travail intolérables en espérant que cela leur permettra d'obtenir mieux un jour. Un phénomène qui a inspiré l'expression de « génération stagiaire » : des individus de plus de 30 ans bossent comme stagiaires pour des cacahuètes, dans l'espoir d'être embauchés à la fin de leur stage. Pourtant, dans certaines branches, toutes les voies conduisant au sommet sont bouchées depuis longtemps. L'ancien directeur de la radio allemande a ainsi reconnu dans une interview qu'une carrière comme la sienne ne serait plus envisageable aujourd'hui. Il avait débuté en trimbalant des câbles, était passé par la réalisation de premiers reportages personnels et par la direction des programmes avant d'accéder à la plus haute fonction de sa société. Aujourd'hui, un animateur de radio qui souhaite avoir sa propre émission ne doit plus compter sur son talent et son travail, mais bien davantage sur ses relations et sur la chance.

Les exigences des gens chargés d'attribuer un emploi intéressant ou de donner à quelqu'un la « chance » de décrocher un emploi intéressant deviennent de plus en plus absurdes. Il y a quelques années, j'ai été invitée, avec un collègue, à rencontrer un type qui nous faisait miroiter un important contrat. Il avait acheté un beau château et prétendait nous faire écrire toute une série télévisée centrée sur ce lieu. Si une chaîne avait décidé de tourner cette série dans son château, les revenus de la location lui auraient permis de financer les travaux de rénovation nécessaires.

Quand je lui ai demandé combien il avait l'intention de nous payer pour la conception et la réalisation de la série, il m'a répondu : « Comment ça, vous payer ? C'est moi qui ai eu l'idée, vous n'avez plus qu'à écrire tout ça. » Je lui ai demandé s'il avait des contacts avec une chaîne de télé : non. Quand j'ai refusé ce contrat, le propriétaire s'est fâché. De toute évidence, il ne comprenait pas comment on pouvait décliner une offre aussi exceptionnelle. Mon collègue, lui, aurait d'ailleurs été tout prêt à l'accepter.

Un de mes amis acteurs, qui est loin d'être un inconnu, m'a confié qu'on lui propose régulièrement des collaborations non rémunérées pour des projets de films. L'argument étant que, grâce à ce film, il pourrait se faire un nom. « Tu vas voir qu'un de ces jours, m'a-t-il dit, il va falloir payer pour pouvoir bosser. »

Ce n'est pas avec de la chance que l'on paie son loyer !

À y regarder de plus près, il faut bien admettre que ce type d'exagération grotesque est depuis longtemps devenue réalité. Il n'y a qu'à voir le nombre de parents ou de conjoints obligés de soutenir financièrement pendant des années un « stagiaire » qui possède, dans bien des cas, une formation ou un diplôme universitaire. Certains collaborateurs acceptent même de travailler gratuitement pour leur employeur et sont obligés de prendre des crédits pour joindre les deux bouts, comme l'ont fait les salariés de l'entreprise Biodata AG. Dans un documentaire intitulé *Weltmarktführer* [« Leader mondial »], le réalisateur Klaus

Stern retrace l'histoire de cette start-up que tout le monde a d'abord encensée, mais qui a fini par faire la culbute. Pendant un an, Klaus Stern a accompagné son patron, Tan Siekmann, qui cherchait à remettre la boîte sur les rails après sa faillite. Régulièrement, Tan Siekmann faisait lanterner ses collaborateurs, qui travaillaient pour lui depuis des mois sans salaire, en leur promettant que la prochaine grosse commande, et donc le versement de ce qu'il leur devait, n'était pas loin. Or, cette commande n'arrivait jamais, et pendant que les employés se livraient à des confidences en interne sur leur situation financière désastreuse, leur patron se faisait présenter le dernier modèle de Porsche au Salon de l'auto.

Pourquoi des gens se décarcassent-ils pour des types qui les exploitent, en échange de salaires dérisoires ou inexistants ?

En acceptant de travailler pour trois fois rien, les stagiaires perdent les droits aux aides sociales qui leur permettraient au moins de payer leur loyer et leur assurance santé...

Dans les agences de pub, les collaborateurs en CDI font régulièrement des heures supplémentaires non payées parce qu'ils craignent d'être licenciés en cas de refus. S'ils calculaient leur salaire horaire réel, ils constateraient qu'il est inférieur à celui d'un instituteur. Mais qui voudrait être instit ? Ce n'est pas un métier qui permet de se faire mousser en société.

Qui tient à avoir du succès, ne saura bientôt plus penser.

Les employés se laissent priver de leur liberté et de leurs droits, et en plus ils trouvent ça normal. Ils s'imaginent que leur statut de salariés autorise leur patron à disposer de leur liberté et à leur marcher sur les pieds. De ce fait, ils ne protestent même pas quand on leur reproche de prétendus défauts au cours de ce que l'on appelle des entretiens d'évaluation ; au contraire, ils remercient et promettent de faire mieux. Ils travaillent sur eux-mêmes pour satisfaire des gens qui se fichent pas mal d'eux. Et ils espèrent qu'on leur permettra ensuite de gravir les échelons.

Souvent, seul un regard extérieur nous permet de prendre conscience de ce qui va mal dans la situation des employés. Le documentaire *Work Hard, Play Hard* présente la réalité de la vie du salarié lambda. Il y a de quoi avoir froid dans le dos quand on voit ce que les gens sont prêts à faire pour garder leur boulot. Ils coopèrent sans broncher quand, lors d'assemblées de collaborateurs, on leur serine l'obligation de réussite ou quand des consultants extérieurs viennent juger leur engagement au travail. Ils se justifient devant de parfaits inconnus et acceptent de participer à de ridicules opérations de découverte de soi. Ils se remettent en question dans des débats collectifs et doivent prouver leur motivation. La réalisatrice Carmen Losmann présente ainsi, sans commentaire, un jeune homme qui, lors d'un entretien avec des consultants, répond avec empressement à des questions sur sa personnalité et sa vie privée. À la fin, devant la liste de ses « défauts », il promet en boucle de prendre ces critiques à cœur. Ce n'est plus un être humain qui est assis là, c'est un robot. Voici un extrait d'une critique du film publiée dans un journal allemand : « On voit de pauvres types qui descendent des arbres en rappel, qui rampent les yeux bandés dans un souterrain ou qui font du zèle pendant un entretien d'embauche. On dirait presque

Je suis une merde et je compte bien le rester !

des caricatures, mais il faut les prendre au sérieux, car c'est notre propre crainte de perdre notre emploi, et notre ambition, que reflètent leurs efforts ridicules. »

Il suffit d'ouvrir n'importe quel quotidien à la page des offres d'emploi pour constater que les exigences outrancières et souvent insensées des employeurs sont solidement ancrées dans notre société. Qui relève encore ce qu'il y a de grotesque à réclamer « une forte motivation » pour un poste où une présence régulière dans un état de sobriété relative serait amplement suffisante ? Presque tous les patrons demandent « un engagement exceptionnel » et de la « passion ». Il faut avoir l'« esprit d'équipe » et « plusieurs années d'expérience », avoir travaillé dans des entreprises réputées aux quatre coins du monde, et mettre toutes ces compétences à la disposition d'une petite boîte de province.

Bien peu d'employeurs savent à quoi pourraient leur servir l'enthousiasme et la flexibilité qu'ils réclament inlassablement.

En fait, plus personne ne sait ce que l'on attend vraiment de lui, surtout dans les emplois offrant de bonnes perspectives de carrière. On attend quelque chose, ça, c'est sûr. Une agitation perpétuelle, sans aucun but précis, parce qu'il est bien difficile de mesurer des réalisations comme le « management », le « controlling », la « progression des performances ». Moins un travail est concret, plus son statut est élevé, et inversement. Autrement dit : on est mieux payé dans le marketing et l'administration que dans la production.

Ainsi, plus on gravit les échelons, moins on est convaincu par ce que l'on accomplit et plus on se demande si le salaire perçu en échange de ce travail est justifié.

Dans les bureaux en open space d'agences de consulting, de boîtes de com, de sociétés médiatiques et de grands groupes, de nombreux collaborateurs qui travaillent comme directeurs de projet, stagiaires et consultants s'interrogent sur l'utilité de tous les documents de stratégie – tableaux Excel et présentations Powerpoint – qu'ils réalisent. Tout le monde passe son temps à bosser sur des idées qui ne déboucheront jamais sur rien et, en règle générale, chacun est incapable de reconnaître sa contribution individuelle à la « réussite collective » dont on fait si grand cas. On a beau faire tout un battage autour de l'engagement des collaborateurs, quelles que soient leur implication et leur flexibilité dans leur travail – leur « adhésion à la culture d'entreprise » comme disent les professionnels –, ça ne suffit jamais.

Les collaborateurs d'aujourd'hui s'investissent jusqu'à ce que le médecin diagnostique un burn out.
Oliver Geyer, journaliste allemand

C'est un peu ce qu'a vécu le spécialiste de philosophie politique et consultant américain Matthew B. Crawford. Dans *Éloge du carburateur*, il explique pourquoi il a renoncé à sa carrière universitaire pour se reconvertir dans la mécanique moto. Avant cela, il avait même été directeur général d'un think tank de Washington, une de ces sociétés de conseil en politique économique qui, dans les faits, se livrent souvent à du lobbying déguisé pour l'industrie.

Je suis une merde et je compte bien le rester !

Crawford avoue : « Je ne voyais pas très bien pourquoi j'étais payé, quels biens tangibles, quels services utiles mon travail fournissait à qui que ce soit. J'ai souvent eu la sensation que le travail manuel était plus captivant d'un point de vue intellectuel. »

Un réparateur de motos ne bénéficiera jamais de l'aura et du prestige de celui qui occupe un poste de direction dans une grande entreprise internationale. Mais pourquoi, en définitive ? À en croire Matthew B. Crawford, un moteur en panne constitue un plus grand défi que l'analyse de qualité des performances d'un conseiller-clientèle. Inutile aussi, pour faire tourner régulièrement un moteur capricieux, de passer son temps à interpréter la valeur de ses concepts virtuels.

Dans le film *Work Hard, Play Hard*, une image du nouvel immeuble d'Unilever à Hambourg montre à l'arrière-plan une femme de ménage qui décape la kitchenette. On l'envie presque, car, dans cet immense bâtiment, elle a l'air d'être la seule à savoir ce qu'elle fait. Elle peut faire le ménage sans être obligée de feindre l'enthousiasme à tout moment, rien ne l'oblige à applaudir avec les autres et à crier en chœur « *Go for it* » quand le président du conseil d'administration prend la parole pour imposer à ses collaborateurs une nouvelle optimisation de leurs performances.

Celui qui dira non à une carrière connaîtra la gloire.

Ceux qui oseraient refuser ces conditions intolérables risqueraient sans doute de perdre leur emploi. En revanche, cela leur permettra de faire évoluer notre société. Car, en définitive, ce ne sont pas les lois mais les idées morales

*Je suis une merde
et je compte bien le rester !*

dominantes qui définissent le visage du monde du travail et les rapports entre employeurs et employés. Et de même qu'une femme se sépare de l'homme qui la bat – même si elle n'a pas de remplaçant en vue –, personne, je dis bien personne, ne devrait accepter un stage mal rémunéré, même s'il est susceptible de lui ouvrir de nombreuses portes. Personne ne devrait se laisser maltraiter pendant des semaines par son rédacteur en chef, simplement pour pouvoir lire son nom au bas d'un article. Il n'y a aucune raison de se sentir coupable quand on fait clairement savoir, lors d'un entretien d'embauche, que l'on a tendance à investir son enthousiasme et sa passion ailleurs que dans son job. Un salarié qui se respecte doit refuser les tests absurdes et les entretiens de collaborateurs humiliants, et se défendre contre les exigences démesurées.

La situation ne pourra évoluer que si de plus en plus de gens font clairement savoir qu'ils ne sont plus prêts à accepter n'importe quoi. Un jour ou l'autre, le consensus social ne vous obligera plus à vous renier pour décrocher un emploi ou un contrat.

Halte au chantage à l'emploi

Un métier permet de se réaliser, et le travail est un gage d'autonomie : voilà ce que j'ai appris de ma mère, qui tenait à ce que ses filles aient un emploi. En fait, l'inverse est tout aussi vrai, comme me l'ont appris des écoliers de Berlin. Pour financer mes études de psycho, je m'occupais d'enfants de familles dites « à problèmes ». Les sorties en ville avec mes petits protégés étaient particulièrement éprouvantes nerveusement, car, en rebelles notoires, ils refusaient de me donner la main et ne m'écoutaient jamais quand je leur demandais d'attendre aux feux rouges et aux passages piétons. Un matin, alors que j'attendais le RER avec Stefanie, elle s'est lancée dans un numéro d'équilibrisme sur le bord du quai, tout en me surveillant du coin de l'œil pour voir comment j'allais réagir. Je lui ai demandé d'arrêter, ce qu'elle n'a évidemment pas fait ; au contraire, son petit cinéma est devenu encore plus périlleux.

Je me suis avancée vers elle et je lui ai dit : « Tu as jusqu'à trois pour venir près de moi.

– T'as qu'à compter aussi longtemps que tu veux, je ne viendrai pas », a répliqué Stefanie.

Je la connaissais bien et je savais qu'elle préférerait se jeter sous le train plutôt que de céder. Je devais donc arriver à lui faire comprendre qu'elle n'avait pas le choix : il fallait qu'elle obéisse.

« Si à trois tu n'es pas ici, je t'en colle une et je te jure que tu ne sauras même plus comment tu t'appelles », lui ai-je dit. Je n'avais pas la moindre intention de passer à l'acte, mais je voulais que Stefanie soit persuadée que j'allais le faire. Elle s'est contentée de m'adresser un sourire en coin : « Si tu fais ça, je le dirai à l'assistance sociale et tu perdras ton boulot. »

À 9 ans, elle avait compris depuis longtemps comment clouer le bec aux adultes : la crainte du chômage était un excellent moyen de pression sur toutes les animatrices et toutes les instits. Et, évidemment, quelqu'un que l'on peut faire chanter ne mérite pas le respect.

Je suis une merde
et je compte bien le rester !

Il n'était pas question de me laisser faire. Avec un calme apparent et de façon on ne peut plus politiquement incorrecte, j'ai répondu : « Peut-être, mais avant que tu me dénonces, je t'en aurai collé une bonne. »

L'expression de triomphe s'est immédiatement effacée du visage de Stefanie et, sans un mot, elle est venue se planter à côté de moi.

Quand on cherche à faire pression sur vous en vous mettant sous le nez l'objet de vos désirs, la première mesure à prendre pour retrouver un minimum d'autonomie est de renoncer à cet objet. Peu importe qu'il s'agisse d'un poste de vendeuse atrocement mal payé ou d'une bourse. On ne devrait accepter aucune concession dans l'espoir d'en être dédommagé plus tard. L'expérience montre que les gens dont on se rend dépendant se rappellent rarement ce qu'ils ont promis quelques années auparavant.

Le sociologue français Robert Castel disait qu'il était temps de remettre en question « la survalorisation quasi hystérique de la valeur travail ». Autrement dit, il faut refuser symboliquement de se placer dans la longue file de sténodactylos qui espèrent, en dépit de tout, être reçues par l'avocat qui offre un emploi.

On pourra alors prendre le temps de se demander s'il ne serait pas plus profitable de cesser de travailler pour autrui, ou au moins d'arrêter d'y consacrer l'intégralité de ses journées. On pourra évaluer lucidement si la course aux bourses et aux subventions ne consomme pas plus d'énergie qu'elle n'en rapporte. On pourra se demander s'il est indispensable de défigurer sa création artistique jusqu'à la rendre méconnaissable pour qu'elle obtienne l'approbation des institutions en place. Et s'il n'y aurait pas moyen de se passer de leur bénédiction : dans une interview, le réalisateur Klaus Lemke a expliqué un jour pourquoi il assurait toujours lui-même le financement de ses films : « Pour réunir les sommes nécessaires, il faut faire des trucs atroces. Je m'y refuse. Donc : pas de commissions, pas d'acteurs professionnels, pas de frais. »

ET SI VOUS DISIEZ MERDE À VOTRE CARRIÈRE ?

Il serait évidemment réjouissant que tout le monde refuse collectivement les règles du jeu et que plus personne ne ponde des scénarios merdiques pour la télé ou ne rédige des articles de presse sous influence. Que plus personne ne travaille trop pour trop peu d'argent et que chacun prenne ses cliques et ses claques dès qu'il a l'impression de ne pas être traité correctement. Mais tant que les choses ne se passeront pas comme ça, nous devrons tous fixer nos propres limites.

Il existe plusieurs façons de se soustraire aux pressions qu'impose une carrière, et cette opération ne réclame pas une intransigeance absolue. Les nuances sont multiples et dépendent de la personnalité de chacun.

PREMIER NIVEAU : DEMANDER LE RSA

Plutôt vivre à genoux que bosser à genoux.

DEUXIÈME NIVEAU : ACCEPTER UN JOB MODESTE

Le jour où j'ai calculé que je gagnais plus en donnant des cours à l'université et en faisant du soutien scolaire qu'en

Je suis une merde et je compte bien le rester !

bossant dans une agence de pub, j'ai donné ma démission. Sur le moment, je n'avais même pas conscience des avantages annexes que m'offraient ces nouvelles activités par rapport à mon job précédent ; c'est venu plus tard. Pendant mes cours ou mes heures de soutien scolaire, je n'ai à côté de moi ni patron ni collègues qui passent leur temps à contrôler ce que je fais. Personne ne m'oblige à donner « le maximum » : j'ai juste à être à l'heure et à faire mon boulot sans râler, et c'est bon.

Au lieu de passer vos journées à réécrire des articles, des scénarios et des concepts jusqu'à en être dégoûté, pourquoi ne pas travailler comme chauffeur de taxi et écrire quand ça vous chante ? Être acteur ou musicien n'a rien de gratifiant non plus quand ça vous oblige à essuyer des refus les uns après les autres. Combien de comédiens préfèrent chercher un nouveau métier et ne plus jouer que pour des petites productions indépendantes, quitte à les monter eux-mêmes ? Surtout que la chute tant redoutée est souvent bien moins dure que l'on ne le pense.

Pour la plupart des gens, ce renoncement marque la fin d'une longue crise existentielle. On rencontre aujourd'hui de plus en plus de personnes qui choisissent délibérément de se « déclasser » et d'abandonner leur boulot prestigieux pour se consacrer à une activité « normale », à l'image de Matthew B. Crawford qui a renoncé à sa brillante carrière pour réparer des motos.

TROISIÈME NIVEAU : PARTIR EN AFRIQUE

Si l'on décide de tout quitter pour aider les autres dans des zones en crise d'Asie ou d'Afrique, on ne fera pas fortune, c'est sûr, mais on en sera largement payé par la reconnaissance que l'on obtiendra. Venir en aide aux plus démunis rend heureux et donne surtout un sens à ce que l'on fait ; pas besoin d'un consultant extérieur qui vient vérifier vos qualités humaines et relationnelles ou votre gestion de la diversité.

QUATRIÈME NIVEAU : LA CONTESTATION SOCIALE

Rien ne nous empêche de protester contre cette société qui prétend nous définir par notre emploi et nos revenus – ça vaut mieux en tout cas que de s'échiner à participer à une compétition que l'on considère comme fondamentalement pernicieuse. Il existe de nombreux projets contestataires, parmi lesquels l'initiative pour un revenu de base universel. Franchement, vous ne trouvez pas plus marrant de débattre avec d'autres gens d'utopies sociales que de passer votre temps à faire de la lèche à votre supérieur ?

UN SEUL REMÈDE : FAIRE DE SON INDIGNATION UN ART

Comprendre l'universalité de ses expériences : voilà une bonne façon de tirer son épingle du jeu. Cela permet de transformer sa rage et sa colère en art. Il est nettement plus satisfaisant de réaliser un film comme *Work Hard, Play Hard* sur les conditions de travail existantes que de les subir !

Dans son livre *Arbeit ? Nein danke !* [« Le travail ? Non merci ! »], Jürgen Spenzinger a eu l'idée géniale d'inverser les rôles : au lieu d'envoyer des lettres de candidature aux entreprises, il leur a adressé des refus d'emploi truffés des

*Je suis une merde
et je compte bien le rester !*
239

mêmes formules glaciales et insignifiantes que celles dont abusent les patrons dans leurs offres.

Avec l'âge, bien des problèmes se règlent d'eux-mêmes. La vie s'emploie à vous libérer de la tyrannie des possibilités. Les chances s'amenuisent progressivement. C'est un peu triste, sans doute, mais, en contrepartie, quel soulagement de constater que toutes les portes ne sont plus ouvertes ! Dans une société où les quinquagénaires sont mis au placard, on échappe à partir d'un certain âge aux pressions des ambitions professionnelles et on peut enfin faire ce dont on a envie. Sans mauvaise conscience, c'est-à-dire sans avoir l'impression de passer à côté de l'essentiel.

On peut même se payer le luxe de s'étonner, assis sur un banc du parc municipal après avoir fait la fête toute la nuit, tandis que les joggers font leurs tours de pelouse avant d'aller bosser, de tout le temps que l'on a gaspillé dans sa jeunesse à essayer de prouver aux autres et à soi-même qu'on allait enfin réussir à se bouger – effort qui n'a évidemment jamais rien donné. Si seulement on avait découvert plus tôt que la vie est infiniment plus drôle quand on renonce à ses ambitions et que l'on ne prend rien ni personne trop au sérieux ! Assis sur ce banc, on ne s'en fait même pas le reproche – ce serait pure perte de temps. On prend simplement conscience de ses erreurs de jeunesse avec amusement.

C'est en tout cas l'expérience qu'a faite mon père. Combien de fois a-t-il cherché à prouver à sa famille que son cas n'était pas désespéré ! Il m'a fait cet aveu il y a quelques années, un soir où nous étions assis ensemble sur la plage de Tel-Aviv. Il avait eu initialement l'intention de s'enrichir

Je suis une merde et je compte bien le rester !

en Allemagne, puis de regagner Israël pour profiter de sa réussite. Malheureusement, au lieu de ramasser de l'argent à la pelle comme il l'avait prévu, il n'avait cessé d'en perdre : avec son stand de pizzas à la fête de la bière, dont les frais de location avaient largement dépassé le montant des recettes, avec le café qu'il avait ouvert dans un théâtre munichois et où il avait laissé jusqu'à son dernier sou parce qu'il ne faisait jamais payer les acteurs et leurs amis, avec son bar, son magasin de luminaires, sans oublier ses statues de chiens en pierre qu'il avait coulées pendant de longues nuits en espérant les vendre au marché aux puces et qui s'étaient accumulées par dizaines dans sa cave – où elles sont encore. « Si on fait le compte, m'a dit mon père, il aurait été plus rentable pour tout le monde que je n'aie jamais travaillé. »

La plupart des gens n'ont pas cette lucidité et sont condamnés au stress à perpétuité. Toute leur vie, ils luttent contre leurs défauts avec l'énergie du désespoir, sans grand résultat, se refusant obstinément à admettre la réalité. Jusqu'à leur dernier souffle, ils croient pouvoir encore tout changer et n'envisagent pas un instant de renoncer à leur projet d'optimisation personnelle alors qu'ils sont si près du but.

S'il est difficile de lutter contre ses propres exigences, il l'est plus encore de repousser celles qui sont imposées par les autres, qui sont généralement encore plus têtus que votre propre surmoi et disposent toujours des arguments les plus irréfutables. D'ailleurs, les six frères et sœurs de mon père se sont toujours ligués pour condamner sa façon de vivre. Ils ont travaillé toute leur vie et fondé des familles, élevé des enfants. Aucun d'eux ne s'est jamais permis le moindre

Je suis une merde et je compte bien le rester !

écart, aucun n'a jamais cassé les pieds aux autres parce qu'il était velléitaire. On pourrait presque aller jusqu'à dire que c'est l'irritation que leur inspirait la vie de mon père qui leur a permis de mener leur existence bourgeoise. Quand un membre de la famille paraissait hésiter, il suffisait de lui dire : « Reprends-toi, pense à l'oncle David en Allemagne, tu as envie de finir comme lui ? » D'un coup, toute tentative de révolte contre les contraintes d'un mode de vie approuvé par la société était étouffée dans l'œuf.

Simon, son frère aîné, le chef de famille, s'est plus encore que les autres toujours jugé responsable de mon père. Il reste convaincu qu'une vie aussi indigne et irresponsable recevra un jour ou l'autre un juste châtiment. Si tel est le cas, le destin ferait bien de se dépêcher, car ils ont respectivement 73 et 85 ans.

Quand il s'est mis à faire un peu frais sur la plage, nous sommes repartis, mon père et moi, retrouver mon oncle Simon, chez qui nous logions cette année-là, dans son petit village.

Arrivé sur le seuil, mon père m'a soudain annoncé qu'il allait retrouver un ami. Je n'avais qu'à rentrer seule, il nous rejoindrait plus tard.

« Ne traîne pas trop, lui ai-je dit. Tu te rappelles qu'on se lève tôt demain pour partir en randonnée ? »

À six heures du matin, des éclats de voix dans le couloir m'ont réveillée. Je me suis levée pour voir ce qui se passait. Mon père venait tout juste de rentrer, et il s'était fait prendre la main dans le sac par Simon.

« Où étais-tu passé ? a demandé celui-ci d'un air sévère. Et c'est à cette heure-ci que tu rentres ?

– Comme tu le vois », a répondu mon père d'une voix sonore, parce que Simon n'avait pas branché son sonotone.

Mon père a voulu passer devant Simon, mais celui-ci lui a barré le passage.

M'apercevant dans le couloir, Simon a tendu un index tremblant vers moi. « Tu avais prévu de faire une randonnée avec ta fille. La pauvre petite ! Elle ne peut jamais compter sur toi. »

Entre-temps, la femme de Simon, ma tante Alice, s'était réveillée, elle aussi, et s'était glissée dans la cuisine pour préparer du café.

« Tu aurais quand même pu nous passer un coup de fil pour nous prévenir que tu rentrerais tard ! a repris Simon.

– Je rêve ? a crié mon père. Tu aurais voulu que je t'appelle à trois heures du mat' et que je te dise : Simon, je serai un peu en retard, va vite te recoucher ? »

Simon a empoigné mon père par le col de sa veste. « Quand seras-tu enfin adulte ? Si tu n'apprends pas à être ponctuel et sérieux, tu ne feras jamais rien de ta vie ! »

Alice a alors tiré son mari par la manche en lui criant à l'oreille : « Laisse-le donc. Il est à la retraite depuis un bon moment. Tu n'as plus à te tracasser pour lui. L'État s'en occupe. Nous sommes tous retraités, maintenant. Reeeetraitééééééééés ! »

Je suis une merde
et je compte bien le rester !
243

Répondez à ces questions, si ça vous dit :

Estimez-vous que votre enthousiasme peut s'acheter pour quelques milliers d'euros par an ?

Oui

Vous trouvez-vous paresseux parce que vous n'avez pas envie de travailler huit heures par jour tous les jours ?

Oui

Trouvez-vous que les autres sont paresseux parce qu'ils n'ont pas envie de travailler huit heures par jour ?

Oui

Comprenez-vous les gens qui se battent pour conserver un emploi qui leur permet à peine de vivre ?

Oui

Croyez-vous être le seul parmi vos connaissances à souffrir de graves angoisses existentielles?

Oui

Pensez-vous que vous devriez changer, ou estimez-vous que c'est à la société de changer?

Oui

En guise de conclusion

QUELQUES ARGUMENTS COUPS DE POING

Cette liste vous propose un certain nombre de projets d'optimisation personnelle, parmi les plus courants. Certains sont le reflet de simples modes, « Vaincre la manie de tout contrôler » par exemple, d'autres sont intemporels, comme « Être moins égoïste ».

À chaque fois, vous trouverez les arguments essentiels qui vous permettront désormais de vous soustraire aux exigences que l'on cherche à vous imposer.

ARRÊTER DE COUPER LA PAROLE

En disant « cesse de m'interrompre », les pires emmerdeurs prétendent vous obliger à les laisser finir leur blabla, alors que ça fait un bail que l'on a compris où ils voulaient en venir. Si quelqu'un veut aller jusqu'au bout de ce qu'il a à dire, il a intérêt à ce que ça soit passionnant.

TRAVAILLER SUR SON COUPLE

Au lieu de « travailler » sur votre relation, vous feriez mieux de vous chercher un nouveau compagnon – en vous débrouillant pour le faire savoir à l'actuel. Vous verrez : subitement, il sera tout prêt à faire les concessions que vous cherchez vainement à lui arracher depuis des années. Si ce n'est pas le cas, cherchez-vous pour de bon un nouveau mec.

ÊTRE COOL

Vouloir être cool n'est pas cool. Car être vraiment cool consiste à se soucier comme d'une guigne de ce que son entourage ne trouve pas cool – c'est précisément pour ça qu'il est cool d'être cool.

SE METTRE AU RÉGIME

Le jugement que l'on porte sur soi et sur son corps est toujours relatif. Si vous vous trouvez trop gros(se), allez faire un tour aux États-Unis ou dans les Émirats arabes unis. Vous y verrez plein de gens bien plus gros que vous et vous vous sentirez immédiatement mieux, sans le moindre régime.

CESSER D'ÊTRE ÉGOÏSTE

Les gens vous reprochent toujours d'être égoïste quand vous n'êtes pas prêt à faire ce qu'ils attendent de vous. Étant entendu qu'eux-mêmes agissent, bien sûr, en toute abnégation.

DEVENIR AMBITIEUX

Les ambitieux sont antipathiques. Ils attendent beaucoup d'eux-mêmes et aussi, en général, de leur entourage. La compagnie d'autrui ne les intéresse qu'en fonction de ce qu'elle peut leur apporter. S'ils attendent beaucoup d'eux-mêmes et rien des autres, ils se la pètent, un point c'est tout.

S'ENGAGER POUR UNE BONNE CAUSE

Super, évidemment, mais pas franchement sexy.

Je suis une merde et je compte bien le rester !

VOIR CE QU'IL Y A DE BON EN CHACUN

Chaque être humain a un talent caché, tout le monde a quelque chose à dire et possède une vision du monde tout à fait personnelle. Le problème est que, chez certains, il faut creuser très, très profond pour découvrir ce qu'ils ont de bon et d'unique. Et, en plus, il faut les aider à le mettre au jour. On ferait bien de se demander si ces gens-là seraient prêts à vous rendre la pareille.

VAINCRE LE CONTROL FREAK

Vouloir tout contrôler est une réaction normale face à des gens qui rejettent toute responsabilité, c'est-à-dire à ceux qui ne sont jamais à l'heure et sont incapables de structurer leur quotidien professionnel ni leur temps libre. Et ce sont eux qui nous reprochent de vouloir tout contrôler quand nous faisons des propositions parfaitement sensées pour rendre la vie quotidienne plus facile.

ACCEPTER LA CRITIQUE

Accepter la critique, ça veut dire permettre aux autres de vous débiner à leur guise.

GAGNER PLUS D'ARGENT

Les spécialistes du bonheur pensent avoir identifié un certain nombre de raisons pour lesquelles l'argent ne fait pas le bonheur : nous nous habituons très vite à une situation, pourvu que certains besoins fondamentaux soient satisfaits. Voici comment le professeur Andrew Oswald de l'université de Warwick, en Grande-Bretagne, explique la fréquence des dépressions chez les gagnants du loto :

Je suis une merde et je compte bien le rester !

cet argent suscite une profonde déception dès que l'on constate que la réalisation des désirs matériels n'entraîne ni soulagement ni paix, et n'inspire même pas un sentiment de sécurité.

Ne pas avoir d'argent n'apporte pas le bonheur non plus, c'est sûr, mais qui a prétendu qu'il faut être heureux ?

RÉFLÉCHIR AVANT DE PARLER

Obéir à cette injonction, c'est renoncer à toute répartie. Les idées les plus intéressantes nous viennent généralement quand nous commençons à parler et que nous sommes déjà captivés par ce que nous allons dire.

ÊTRE ORDONNÉ ET ORGANISÉ

La souffrance occasionnée par votre désordre est manifestement inférieure à celle qu'entraînerait une transformation de votre personnalité. Autrement, ça fait longtemps que vous seriez plus ordonné.

SE METTRE À LA PLACE DES AUTRES

L'idée que, en cas de conflit, il convient d'adopter le point de vue de son adversaire pour mieux comprendre sa position est contraire à toute logique : on connaît déjà par cœur les idées de l'autre puisque ce sont elles qui posent un problème. À juste titre, qui plus est.

PARTICIPER À DES SÉMINAIRES DE RHÉTORIQUE

Au lieu de se concentrer sur la meilleure façon de manipuler les autres et de les mettre dans sa poche, on ferait mieux, par souci de simplicité, de se concentrer sur ce que l'on dit : quand on s'exprime simplement et clairement, on se fait généralement très bien comprendre.

MIEUX SE CONNAÎTRE

On a enfin compris pourquoi on réagit toujours de telle ou telle manière, ou pourquoi certaines situations nous posent des problèmes particuliers. Et qu'est-ce qu'on y a gagné ?

S'AIMER

Ne cherchez même pas à vous convaincre de vous aimer davantage. Car l'amour, pour autrui ou pour soi-même, ne se commande pas.

S'ÉVEILLER À LA SPIRITUALITÉ

Ça non plus, ça ne se commande pas. Et le meilleur moyen de contourner cet obstacle consiste à ne pas s'en occuper.

ARRÊTER D'ÊTRE TÊTU ET DÉSAGRÉABLE

voir ÊTRE RAISONNABLE

EXPLOITER SES TALENTS

Le développement personnel est l'un des plus graves crimes écologiques contemporains ! On commence par dépenser des ressources énergétiques considérables pour créer des œuvres d'art, puis on sillonne toute la région pour les exposer. Si chacun d'entre nous exploitait ses dispositions et ses talents, le monde ne tarderait pas à s'effondrer sous le poids de toutes ces créations artistiques,

*Je suis une merde
et je compte bien le rester !*

meubles de designer, CD et bouquins. Ne pas exploiter ses talents, c'est mener une vie beaucoup plus respectueuse de l'environnement et avoir tout le temps d'apprécier les produits du développement personnel des autres.

COMMENCER PAR SE CHANGER SOI-MÊME

S'agissant de changement, il faut, dit-on, commencer par le plus facile : soi-même. Mais, si tout le monde est occupé à se changer, plus personne ne se chargera de changer le monde.

ÊTRE RAISONNABLE

« Je n'écouterai pas la raison. La raison traduit toujours les pensées de quelqu'un d'autre », disait la romancière britannique Elizabeth Gaskell. En fait, la plus grande prudence est de rigueur quand d'autres font appel à votre raison : ils essaient de vous faire accepter quelque chose de contraire à vos intérêts en faisant appel à votre surmoi télécommandé.

FAIRE PREUVE DE COMPRÉHENSION

Le psychologue allemand Norbert Schwarz s'est intéressé au moment où les gens sont prêts à changer d'avis sur tel ou tel sujet : dans une discussion, il paraît difficile, voire impossible, de convaincre quelqu'un de changer d'opinion, ou de se laisser convaincre par les idées d'autrui.

En tout état de cause, s'exhorter à faire preuve de plus de compréhension ne contribue pas à une meilleure entente. Au contraire, plus les gens s'efforcent de comprendre la

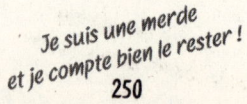

partie adverse, plus ils se focalisent sur leur propre opinion. L'idée de compréhension me paraît donc, en général, extrêmement surfaite.

PARDONNER ET OUBLIER

Pour se réconcilier avec quelqu'un, recommandent les psychothérapeutes et les conseillers occultes, il faut être capable d'oublier et de pardonner. Un nouveau départ n'est possible que si l'on réussit à se débarrasser de ses sentiments négatifs. Malheureusement, tout en nous refuse cette idée. Nous luttons contre nous-mêmes, nous ravalons notre colère et nous enterrons la hache de guerre. Grossière erreur, selon Arthur Schopenhauer, car « pardonner et oublier, c'est jeter par la fenêtre des expériences chèrement acquises ».

DONNER LE BON EXEMPLE

On a du mal à supporter ceux dont la conduite est toujours irréprochable. Alors, à quoi bon se placer inutilement dans cette situation ?

ÊTRE MOINS COMPLIQUÉ

En général, ce sont les pires casse-pieds qui vous reprochent d'être compliqué. Ils n'aiment pas que l'on fasse quelque chose qu'ils n'ont pas prévu et qui vient perturber leurs plans chiants à mourir ! Voir aussi Être raisonnable.

Je suis une merde et je compte bien le rester !

Sources et suggestions de lecture

Aristote, *Politique*, trad. J. Aubonnet, Paris, Les Belles Lettres, 1991 (1re éd. 1960).

Bienek, Horst, *Werkstattgespräche mit Schriftstellern*, Munich, Carl Hanser Verlag, 1962.

Böll, Heinrich, *Werke : Romane und Erzählungen*, éd. B. Balzer, vol. 4, 1961-1970, Cologne, Kiepenheuer & Witsch, 1978. [Les romans et récits de Böll ont été traduits en français mais n'ont pas fait l'objet d'une édition intégrale.]

Ehrenreich, Barbara, *Smile or Die : How Positive Thinking Fooled America and the World*, Londres, Granta Books, 2010.

Feldenkrais, Moshe, *La Puissance du moi*, trad. Martine Thomas, Paris, Robert Laffont, 1990.

Frisch, Max, *Le Désert des miroirs*, trad. André Coeuroy, Paris, Gallimard, 1966.

Frisch, Max, *Stiller*, trad. Éliane Kaufholz-Messmer, Paris, Grasset, 1991 ;
« Unsere Gier nach Geschichten », in : *Gesammelte Werke in zeitlicher Folge*, 4e vol., Francfort/Main, Suhrkamp, 1998.

Fromm, Erich, *Vom Haben zum Sein. Schriften aus dem Nachlass*, vol. 1, Rainer Funk, éd., Weinheim, Beltz Verlag, 1989. [*Avoir ou être ?* trad. Théo Carlier, Paris, Laffont, 1994.]

Je suis une merde et je compte bien le rester !

Genazzino, Wilhelm, « Männer haben stärker ihre Tage als Frauen », in *Magazin der Süddeutschen Zeitung*, 2011/44.

Henningsen, Jürgen, « Jeder Mensch erfindet sich eine Geschichte. Max Fritsch und die Autobiographie », in *Literatur in Wissenschaft und Unterricht*, vol. 4, Kiel, 1971.

Illouz, Eva, *Pourquoi l'amour fait mal : l'expérience amoureuse dans la modernité*, trad. Frédéric Joly, Paris, Le Seuil, Points, 2014.

Krishnamurti, Jiddu, *Commentaires sur la vie*, trad. R. Giroux, N. Tisserand, Paris, Buchet-Chastel, 1957-1974.

Nalebuff, Barry J. et Brandenburger, Adam, *La Coopétition : une révolution dans la manière de jouer concurrence et coopération*, trad. Larry Cohen, Paris, Village mondial, 1996.

Ribolits, Erich, « Die Arbeit hoch ? Berufs pädagogische Streitschrift wider die Totalverzweckung des Menschen in Postfordismus », www.krisis.org consulté le 4 mars 2016.

Sennett, Richard, *Le Travail sans qualités : les conséquences humaines de la flexibilité*, trad. Pierre-Emmanuel Dauzat, Paris, Albin Michel, 2000.

Svevo, Italo, *La Conscience de Zeno*, trad. Paul-Henri Michel, Paris, Gallimard, 1927.

Vormwald, Ursula, « Wie steht es um Ihre Work-Life-Balance ? », www.akademie.de, consulté le 4 mars 2016.

Je suis une merde et je compte bien le rester !

Remerciements

Je remercie pour leur aide :

Mazda Adli

Oliver Geyer

Robert Hagen

Werner Katzengruber

Caroline Labusch

Marc Malkwitz

Jörn Morisse

Christian Rieck

Rainer Sellien

Oliver Sperl

Jan-Hendrick Wulf

Tables des matières

Imprimé en Espagne par LIBERDÚPLEX
Pour le compte des Éditions Marabout (Hachette Livre)
58, rue Jean Bleuzen 92178 Vanves Cedex
Achevé d'imprimer en février 2019

Dépôt légal : mars 2019
ISBN : 978-2-501-11985-6
6206420